U0895798

"十四五"时期国家重点出版物出版专项规划项目

转型时代的中国财经战略论丛

积极老龄化视角下中国长期护理保险试点政策研究

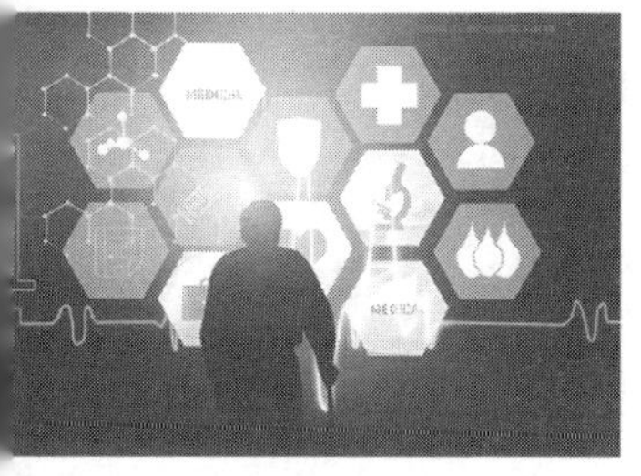

Research on Pilot Policies for Long-Term Care Insurance in China from the Perspective of Active Aging

孙敬华 著

中国财经出版传媒集团

经济科学出版社
Economic Science Press
·北京·

图书在版编目（CIP）数据

积极老龄化视角下中国长期护理保险试点政策研究/孙敬华著. -- 北京：经济科学出版社，2024.1
（转型时代的中国财经战略论丛）
ISBN 978-7-5218-5548-7

Ⅰ.①积…　Ⅱ.①孙…　Ⅲ.①老年人-护理-福利制度-研究-中国　Ⅳ.①D632.1

中国国家版本馆CIP数据核字（2024）第034309号

责任编辑：于　源　侯雅琦
责任校对：齐　杰
责任印制：范　艳

积极老龄化视角下中国长期护理保险试点政策研究
孙敬华　著
经济科学出版社出版、发行　新华书店经销
社址：北京市海淀区阜成路甲28号　邮编：100142
总编部电话：010-88191217　发行部电话：010-88191522
网址：www.esp.com.cn
电子邮箱：esp@esp.com.cn
天猫网店：经济科学出版社旗舰店
网址：http://jjkxcbs.tmall.com
北京季蜂印刷有限公司印装
710×1000　16开　11.75印张　190000字
2024年1月第1版　2024年1月第1次印刷
ISBN 978-7-5218-5548-7　定价：48.00元
（图书出现印装问题，本社负责调换。电话：010-88191545）

总　序

“转型时代的中国财经战略论丛”是山东财经大学与经济科学出版社在合作推出“十三五”系列学术著作基础上继续在“十四五”期间深化合作推出的系列学术著作，属于“‘十四五’时期国家重点出版物出版专项规划项目”。自2016年起，山东财经大学就开始资助该系列学术著作的出版，至今已走过7个春秋，其间共资助出版了152部学术著作。这些著作的选题绝大部分隶属于经济学和管理学范畴，同时也涉及法学、艺术学、文学、教育学和理学等领域，有力地推动了我校经济学、管理学和其他学科门类的发展，促进了我校科学研究事业的进一步繁荣发展。

山东财经大学是财政部、教育部和山东省人民政府共同建设的高校，2011年由原山东经济学院和原山东财政学院合并筹建，2012年正式揭牌成立。学校现有专任教师1730人，其中教授378人、副教授692人，具有博士学位的有1034人。入选国家级人才项目（工程）16人，全国五一劳动奖章获得者1人，入选“泰山学者”工程等省级人才项目（工程）67人，入选教育部教学指导委员会委员8人，全国优秀教师16人，省级教学名师20人。近年来，学校紧紧围绕建设全国一流财经特色名校的战略目标，以稳规模、优结构、提质量、强特色为主线，不断深化改革创新，整体学科实力跻身全国财经高校前列，经管类学科竞争力居省属高校首位。学校现拥有一级学科博士点4个，一级学科硕士点11个，硕士专业学位类别20个，博士后科研流动站1个。应用经济学、工商管理和管理科学与工程3个学科入选山东省高水平学科建设名单，其中，应用经济学为“高峰学科”建设学科。应用经济学进入软科“中国最好学科”排名前10%，工程学和计算机科学进入 ESI 全球排名前 1%。2022 年软科中国大学专业排名，A 以上专业数 18 个，位居省属高校第 2 位，全国财经类高校第 9 位，是山东省唯一所有专业全部上榜的高校。2023 年软科世界大学学科排名，我校首次进入世界前 1000 名，位列 910 名，中国第 175 名，财经类高校第 4 名。

2016 年以来，学校聚焦内涵式发展，全面实施了科研强校战略，取得了可喜成绩。仅以最近三年为例，学校承担省部级以上科研课题 502 项，其中国家社会科学基金重大项目 3 项、年度项目 74 项；获国家级、省部级科研奖励 83 项，1 项成果入选《国家哲学社会科学成果文库》；被 CSSCI、SCI、SSCI 和 EI 等索引收录论文 1449 篇。同时，新增了山东省重点实验室、山东省重点新转智库、山东省社科理论重点研究基地、山东省协同创新中心、山东省工程技术研究中心、山东省两化融合促进中心等科研平台。学校的发展为教师从事科学研究提供了广阔的平台，创造了更加良好的学术生态。

“十四五”时期是我国由全面建成小康社会向基本实现社会主义现代化迈进的关键时期，也是我校合并建校以来第二个十年的跃升发展期。2022 年党的二十大的胜利召开为学校高质量发展指明了新的方向，建校 70 周年暨合并建校 10 周年校庆也为学校内涵式发展注入了新的活力。作为“十四五”时期国家重点出版物出版专项规划项目，“转型时代的中国财经战略论丛”将继续坚持以马克思列宁主义、毛泽东思想、邓小平理论、“三个代表”重要思想、科学发展观、习近平新时代中国特色社会主义思想为指导，结合《中共中央关于制定国民经济和社会发展第十四个五年规划和二〇三五年远景目标的建议》以及党的二十大精神，将国家“十四五”时期重大财经战略作为重点选题，积极开展基础研究和应用研究。

“十四五”时期的“转型时代的中国财经战略论丛”将进一步体现鲜明的时代特征、问题导向和创新意识，着力推出反映我校学术前沿水平、体现相关领域高水准的创新性成果，更好地服务我校一流学科和高水平大学建设，展现我校财经特色名校工程建设成效。我们也希望通过向广大教师提供进一步的出版资助，鼓励我校广大教师潜心治学，扎实研究，在基础研究上密切跟踪国内外学术发展和学科建设的前沿与动态，着力推进中国特色哲学社科科学学科体系、学术体系和话语体系建设与创新；在应用研究上立足党和国家事业发展需要，聚焦经济社会发展中的全局性、战略性和前瞻性的重大理论与实践问题，力求提出一些具有现实性、针对性和较强参考价值的思路和对策。

山东财经大学党委书记 王邵军

2023 年 8 月 16 日

目　录

第1章 绪 论

1.1 研究背景与研究意义

1.1.1 研究背景

1. 长寿时代的到来与失能老年人口规模的迅速扩大

随着卫生条件的改善、医疗技术的进步、生活水平的提高和健康保健意识的增强，人类社会正在进入自有文字记载以来从未经历的长寿时代。长寿时代作为不可逆转的客观发展趋势，是老年人口占比升高后人类社会的一种长期的、相对稳定的人口和社会经济状态（陈东升，2020）。联合国发布的《世界人口展望2022》显示，2019年世界人口平均预期寿命已达到72.8岁，比1990年提高近9岁，但2020年受新冠疫情影响，2021年全球预期寿命水平降至71.0岁，预计2050年全球平均预期寿命可达77.2岁。在老年人口中，全球65岁及以上人口占比将从2022年的10%上升至2050年的16%，到2050年，东亚、东南亚、北美洲及欧洲的65岁及以上人口占比均将超过25%。与此同时，80岁以上高龄人口的增速会超过低龄老人，1990年全球80岁以上人口只有5400万人，2019年已达1.43亿人，预计2050年将达到4.26亿人。

与全球人口发展趋势同步，中国的人均预期寿命在逐步增加。然而，人口高速老龄化是中国不同于西方发达国家的重要特征（宋全成，2016）。世界卫生组织发布的《2022年世界卫生统计》报告显示，2019年中国人均整体预期寿命约77.4岁（男性74.7岁，女性80.5岁）。有学者预测，2040 年中国人口预期寿命将达到 81.9 岁（Foreman et al.，2018）。根据世界银行的预测，中国正在以前所未有的速度从“老龄化”社会转向“老龄”社会：到 2027 年，中国 65 岁及以上老年人口比例将升至 14%，这意味着中国这一比例从 2002 年的 7% 上升至 2027 年的 14% 仅需要 25 年，而这一过程英国用了 45 年、美国用了 69 年、法国用了 115 年（葛蔼灵和冯占联，2019）。到 2050 年，中国 65 岁及以上人口占总人口的比例将会达到 26%，80 岁及以上人口占比将达到 8%。这意味着，到 2050 年每 4 位中国人中就有 1 位 65 岁及以上的老年人。

进入长寿时代后，人类社会的生产、生活、服务、交际方式都在发生改变，其中老年失能失智人口的发生率随长寿时代的到来而快速攀升是对人类社会最直接且最不可逆的影响（杨团，2016）。第一，随着年龄增长，老年人口失能率不断上升，中国第七次人口普查数据显示，85 岁及以上老年人失能率陡然上升，各年龄组失能率增幅达 7 个百分点左右，80 岁老年人口的失能率是 60 岁老年人口的 7.05 倍。预计在 2026 年前后，中国 85 岁以上的高龄老年人口失能率将达 20% 以上（吴炳义等，2019）。第二，从失能老年人口规模来看，根据全国性大型调查数据的比较，我国 60 岁及以上老年人口的基本生活活动能力（BADL）总失能率在 12.54% ~18.3%（张仲芳等，2018）。2016 年 10 月全国老龄办等多部门共同发布的数据显示，我国失能老年人已达 4063 万人[①]。有学者预测，到 2050 年，我国失能老年人口数量将达到 1.29 亿人，届时 60 岁及以上老年失能人口的比重约为 28.8%（李晓鹤和刁力，2019）。这意味着，到 21 世纪中期，中国每 4 位 60 岁及以上老年人中就有 1 位是失能老年人。

2. 中国传统的老年长期照护模式面临严峻挑战

失能老年人口规模的迅速扩大直接导致了长期照护服务需求的迅速攀升，而中国以家庭为主要责任主体的传统老年长期照护模式已难以应对持续增长的长期照护服务需求。第一，从家庭照护负担来看，一方面，对失能老年人的照护大多是在家庭中发生的，其配偶或成年子女是直接的照护服务供给者。然而，随着人口预期寿命的增长与家庭少子化

① 本书所指的失能老年人是 60 岁及以上不能完全自理老年人的总称。

的发展趋势，一对年轻夫妇需要赡养并提供长期照护服务的老年人数量将会增长，导致直接照护的压力显著增大。另一方面，从家庭成员所承担的照护费用来看，根据中国保险行业协会发布的《2017 中国长期护理调研报告》显示，60~69 岁、70~79 岁、80 岁及以上老年人的长期照护费用分别在 900 元、1000 元与 1510 元，而子女等家属所承担的费用比例都在一半以上；即便如此，在 60~69 岁、70~79 岁与 80 岁以上老年人中，仍分别有 9%、12% 与 15% 的老年人没有能力购买长期照护服务。第二，现阶段我国长期照护服务供给体系还未形成，在服务供给数量和质量层面都无法满足失能老年人的长期照护需求。一是由于家庭成员、保姆或钟点工提供的家政或看护服务在数量和质量上都难以保障，导致失能老年人在居家情况下难以获得全天候的家庭照护；二是由于公立照护机构一床难求、私人照护机构数量较少且收费高昂，导致有入住长期照护机构需求的失能老年人往往因为经济能力的限制而难以入住。患有慢性病的部分失能老年人甚至会选择在医疗机构进行疾病治疗后并不办理出院手续，而是长期占据医疗机构床位，导致社会性住院现象的发生，从而造成医疗卫生资源的浪费。

3. 中国建立老年长期照护制度的紧迫诉求

当对失能老年人的长期照护因失能老年人口数量持续攀升、传统家庭照护模式难以满足失能老年人长期照护需求、照护服务费用日益增长、社会保障制度缺位、市场供给严重不足与政府资源难以独立负担时，就显现了中国进入长寿时代后所面临的严峻形势与社会危机。综合性、系统性的长期照护体系是应对危机的必要举措（世界卫生组织，2016）。持续性地满足失能老年人的长期照护需求并非易事，它需要通过老年人长期照护制度的构建来支持长期照护服务的发展，为失能老年人提供可持续的长期照护服务奠定制度基础。因此，构建老年人长期照护制度便成为中国进入长寿时代后的紧迫诉求。其目的是为生活不能自理或有丧失自理能力风险的老年人提供必要的社会支持，以保障失能老年人获得正常生活和尊重的权利；其运行机理是运用制度化的方式，通过人对人的长期而持续的服务保障来确保失能老年人权利的实现。

2012 年，在全国人大修订的《中华人民共和国老年人权益保障法》中，老年人长期护理保障权益被写入法案，其中第三十条明确指出了国家和地方政府在老年人长期照护领域的责任：“国家逐步开展长期护理保障工作，保障老年人的护理需求。对生活长期不能自理、经济困难的老年人，地方各级人民政府应当根据其失能程度等情况给予护理补贴。”这是从法律层面赋予了失能老年人获得长期照护服务和护理补贴的权利。随后，政府相继出台了10余项关于高龄补贴、政府购买康复护理服务、鼓励民间资本投资护理型养老机构等方面的政策法规。2016年国家正式启动了长期护理保险制度的试点工作，人力资源和社会保障部选取了15个城市和2个重点联系省份作为第一批开展试点工作的地区。4年之后，国家医保局和财政部联合发文，将长期护理保险制度试点城市扩大到了49个①。从全国范围来看，目前长期护理保险制度仍是在局部范围内试点的，至今仍未在全国层面全面展开。2020年10月29日中国共产党第十九届中央委员会第五次全体会议将“稳步建立长期护理保险制度”纳入“十四五”规划；2022年10月，党的二十大报告明确提出“建立长期护理保险制度”。在我国失能老龄人口规模迅速扩大、照护需求快速增长、现有长期照护模式面临挑战的现实下，失能风险已转化为国家风险，国家层面长期护理保险制度的建立已刻不容缓。

1.1.2 研究意义

在积极应对人口老龄化、实施健康中国战略与亟待建立老年长期照护保障体系的背景下，如何构建适合中国国情的长期护理保险制度成为摆在学术界面前亟待回答的问题。本书基于积极老龄化的理论视角，构建了试点城市长期护理保险政策分析框架，从参与、健康和保障三个积极老龄化行动支柱的角度审视现阶段中国试点城市长期护理保险政策的现状、特征与存在的主要问题，在借鉴荷兰、德国和日本3个国家先进经验的基础

---

① 2020年新增试点城市14个：北京市石景山区、天津市、山西省晋城市、内蒙古自治区呼和浩特市、辽宁省盘锦市、福建省福州市、河南省开封市、湖南省湘潭市、广西壮族自治区南宁市、贵州省黔西南布依族苗族自治州、云南省昆明市、陕西省汉中市、甘肃省甘南藏族自治州、新疆维吾尔自治区乌鲁木齐市。原有试点城市35个：河北省承德市；吉林省长春市、吉林市、通化市、松原市、梅河口市、珲春市；黑龙江省齐齐哈尔市；上海市；江苏省苏州市、南通市；浙江省宁波市；安徽省安庆市；江西省上饶市；山东省济南市、青岛市、淄博市、枣庄市、东营市、烟台市、潍坊市、济宁市、泰安市、威海市、日照市、临沂市、德州市、聊城市、滨州市、菏泽市；湖北省荆门市；广东省广州市；重庆市；四川省成都市；新疆生产建设兵团石河子市。

上提出了中国构建和发展长期护理保险制度的策略和路径，既有重要的理论意义，又对推进中国长期护理保险制度的构建具有现实指导意义。

1. 理论意义

长期护理保险制度作为积极应对人口老龄化的重要举措，有关如何构建的问题值得学术界进行深入的研究和探讨。积极老龄化是继成功老龄化、生产性老龄化、健康老龄化之后，国际社会所提出的应对人口老龄化的最新理念，它具有较强的综合性与前瞻性，是指导中国构建长期护理保险制度的重要基础。一方面，基于积极老龄化理论视角的长期护理保险政策研究促进了积极老龄化理论与长期护理保险政策研究的结合，丰富了积极老龄化理论在长期护理保险政策研究中的具体实践以及国内长期护理保险政策的研究成果；另一方面，本书在积极老龄化理论指导下提出的长期护理保险政策分析框架，既有助于更好地理解积极老龄化的理论价值并推动积极老龄化理论的进一步发展，又可以为长期照护领域的研究提供一种分析方案。

2. 现实意义

本书作为一项政策研究，是对中国所面临的失能老年人长期照护难题和构建长期护理保险制度迫切需求的有效回应。一方面，通过对试点城市颁布的长期护理保险政策进行比较分析可以为决策者更加全面了解现阶段我国不同试点城市长期护理保险政策的总体情况提供现实、客观与公正的信息，有助于他们在取得的已有经验及实践共识的基础上完善政策过程，促进长期护理保险政策的发展；另一方面，本书作为一种学术实践，要完成的使命是将积极老龄化作为理论切入视角，揭示出现阶段中国长期护理保险政策存在的问题并提出解决对策，这一过程最终是为政府建立长期护理保险制度提供一种方向与构建方案，进而为完善与发展社会保障制度提供理论支撑。

1.2 基本概念界定

1.2.1 老年长期照护

老年长期照护是由“long-term care for the elderly”这一英文表述翻

译而来的，它是在应用更为广泛的概念——长期照护（long-term care，LTC）的基础上，将服务对象的范围限定在老年人群体后形成的（丁一和吕学静，2013）。在此意义上，“老年长期照护”可以看作是“长期照护”的派生词，因此，对其概念的理解与界定需要建立在对“长期照护”（基础词）的理解之上。由于长期照护所涉及的内容较为丰富，目前相关组织、学者对其具体内涵都有不同的理解。

1. 国外对“long-term care”的界定

从内涵的演进来看，LTC 的概念最初与医疗护理较为接近，主要指为病人提供具有治疗性质的护理服务。正如 1963 年美国卫生福利部给出的定义：长期照护是为病人提供的长期性的医疗护理与支持性健康照料和护理服务（Evashwick，2005）。其服务对象既包括具有身心疾病、功能障碍而需要医疗护理的群体，也包括因严重急性伤病而需长期康复治疗的病人（曹艳秋和王建云，2013）。随着长期照护的发展，其内涵逐渐丰富，长期照护开始区别于医疗护理、享有其他内涵。例如，长期照护是为因年老或疾病而丧失一定功能的人提供的医疗服务、生活照料和社会服务（Rosalie & Robert，1987）。2000 年，世界卫生组织向世界各国发布《建立老年人长期照顾政策的国际共识》，明确提出了长期照护的内涵：“长期照顾①是由非正式照顾者（家庭、朋友和/或邻居）和/或专业人员（卫生、社会和其他）开展的活动系统，以确保缺乏完全自理能力的人能根据个人的优先选择保持最高可能的生活质量，并享有最大可能的独立、自主、参与、个人充实和人类尊严。”随后，世界卫生组织又进一步界定了长期照护服务的内涵：长期照护服务是对长期不能独立生活的人由专业人员、护理服务人员、志愿者等提供的正式和非正式的服务（WHO，2002）。

2. 国内对“long-term care”的界定

由于专业视角的不同与使用习惯的差异，国内学者对 LTC 的译法不同，如长期照护、长期护理、长期照料、长期照顾等。其中，长期照护表述的内涵更加全面，既包括护理机构提供的专业护理，也包括非专业性的护理和照料（由家庭、社区等主体提供）（林艳等，2009）。鉴于此，本书选用长期照护这一译法。

① 世界卫生组织将 LTC 译为长期照顾。

杨团（2016）认为长期照护是一种基本公共服务制度，该制度是为持续性丧失活动能力者提供的从饮食起居照料到急诊或康复治疗等一系列长期的综合性服务，其目的是满足服务对象对保健和日常生活的需求。在相似意义上，米红等（2019）认为长期照护的对象是长期患有慢性疾病或机体功能障碍而导致日常生活不能完全自理的人；服务人员既包括专业医护人员，也包括亲属、朋友等非专业护理人员；长期照护的目标是维持和促进服务对象的身体机能，延长其生存时间，以及享有更高的生活质量。

有的学者通过比较长期照护与医疗护理、养老服务等概念来理解长期照护的内涵。从长期照护与医疗护理的区别来看，张盈华（2015）认为医疗护理重在治疗，它的目的是通过医疗手段改善服务对象的身体状况，使其康复或病情好转；而长期照护重在照护，它的目的是维持服务对象现状，不使其状况进一步恶化。在相似意义上，吕国营和周万里（2016）认为长期照护的“长期”不是与“短期”相对，而是与医疗护理相对，医疗护理与长期照护的本质区别在于是否可逆：如果通过治疗可以使服务对象康复甚至痊愈，在此过程中提供的护理就是医疗护理；如果治疗并不会使服务对象状况好转，相应的护理就是长期照护。

从长期照护与养老服务的关系来看，有的学者认为长期照护是养老服务的组成部分。张仲芳等（2018）认为，如果从照料和护理的项目来看，长期照护服务与养老服务基本相同，二者的主要区别在于长期照护服务只面向失能老年人，而养老服务面向所有老人。还有学者将长期照护视为更高水平的新的养老服务阶段。戴卫东（2018）认为国外的长期照护与中国传统的养老服务存在着较大的差异，他从五个方面比较了二者之间的区别：其一，长期照护的服务对象是一段时间内不具备完全自我照料能力的老年人；传统的养老服务的服务对象是60岁及以上的老年人，以非失能、健康的老年人为主。其二，长期照护服务的提供者包括正式照护者与非正式照护者；传统的养老服务的提供者以家庭为主，机构次之，朋友和邻居鲜见。其三，长期照护服务所包含的内容比传统的养老服务更加多样，既包括传统养老服务所涉及的日常生活照料，还包括专业康复训练与心理慰藉等。其四，长期照护的服务方式相比较传统的养老方式而言更加专业和多元；其五，长期照护服务以最大程度的独立、自主、参与、个人满足及人格尊严为追求目标，而传统的养老服务是为了“妥善处理老龄化问题”与“促进相关行业发展，推动经济增长”。

综合国内外相关组织、学者对长期照护的界定，本书认为，老年长期照护[①]是为在较长一段时间内因身体、心理或精神障碍而导致部分或全部生活自理能力丧失的失能（包括失智）老年人提供包括由专业人员提供的正式照护服务和由亲属、朋友、邻居等提供的非正式照护服务在内的服务项目，以促使失能老年人在更高的生活质量状态下最大可能地实现独立、自主、参与、个人充实和人类尊严。

1.2.2 长期护理保险

老年长期照护制度主要解决长期照护服务供给与所需费用如何筹集的问题，由此我们可以将老年长期照护制度拆分成两个部分：长期照护服务体系和长期照护筹资制度（唐钧等，2018）。其中，长期照护筹资制度模式众多，而社会保险性质的长期护理保险是其中重要的一种，它也是中国正在开展试点并逐步推进的筹资模式[②]。2016 年人力资源和社会保障部指出，我国正在试点的长期护理保险是一种通过社会互助共济的方式筹集资金的社会保险。其给付内容包括服务供给与经济补偿，最大的受益群体是老年人（郑秉文，2017）。荆涛（2010）认为长期护理保险是一种健康保险，其本质是补偿生活无法自理的被保险人所支付的长期照护服务费。戴卫东（2016）从长期护理保险是社会保险而非商业保险的角度进行了界定。他认为长期护理保险的社会保险属性主要体现在两方面：一是国家颁布护理保险法，二是通过社会化筹资的方式分担给付责任。他指出其保障对象是患有慢性疾病或处于生理、心理伤残状态而导致在较长时期内需要他人协助才能完成日常生活的人；其补偿的内容既包括专业机构的护理费用，也包括非正式护理者提供的补助。综合来看，长期护理保险是通过风险共担机制对长期处于不能完全自理状态的群体（主要是老年人），提供服务供给或经济补偿的一种社会保险制度。

① 本书使用老年长期照护是为了将研究对象限定为老年人。

② 当作为筹资方式时，沿用政府文件中“长期护理保险”这一表述。

1.2.3 社会政策与长期护理保险政策

从政策属性的角度来看，长期护理保险政策是一种为失能（包括失智）老年人提供福利待遇的福利制度，属于社会政策的范畴。因此，长期护理保险政策需要在理解社会政策内涵的基础上加以界定。

1. 社会政策的概念

（1）国外学者对社会政策的界定。

迄今为止，社会政策（social policy）尽管被广泛运用，但其仍是一个缺乏公认定义的概念（黄晨熹，2008）。社会政策的概念是由瓦格纳（Adolf Wagner）于1891年最先提出的，他认为社会政策的使命是国家通过运用立法和行政的手段肃清分配过程的弊害以实现社会公平（杨团，2000）。基于政府行动的视角，马歇尔（Marshall，1965）认为社会政策可看作政府采取的一系列福利行动，其福利提供的形式主要有资金和服务。从国家责任的角度出发，希尔（Hill，1996）认为社会政策体现出了国家对公民的社会福利责任，它一方面要矫正社会失灵，另一方面要干预社会问题和公众福利。蒂特姆斯对于社会政策的理解较为全面，他从四个角度阐述了其内涵：一是从与其他术语的关系来看，社会政策往往会与社会福利、社会服务、社会行政、社会保障等概念相关联；二是社会政策达到的效果是回应了社会需要和问题；三是社会政策也可理解为一种社会管理；四是社会政策的行为主体是政府（熊跃根，2009）。

（2）国内学者对社会政策的界定。

基于不同的研究视角，国内学者也给出了各自的定义。从公共资源的生产和分配的角度出发，杨团（2006）认为社会政策实质上是调整社会的生产与分配关系，也就是通过适当生产和分配社会公共产品来与私人物品的生产与分配相制衡。关信平（2009）认为社会政策可看作各种具有福利性质的社会行动总和，其行为主体既可以是政府，也可以是其他组织。从多维视角出发，熊跃根（2011）认为社会政策既可以被视为一种社会行政，也可以看作一种与社会福利的互动关系以及一种与经济政策相互呼应的国家政策。王思斌（2016）总结了社会政策区别于一般公共政策的三个特点：第一，社会政策具有一定的排他性，其政策对象是部分困难群体；第二，由于社会政策对象（比如老年人和残疾人）通常缺乏一般人获得某些资源的能力，因此社会政策一般通过特殊的组织体系和政策安排来实现；第三，社会政策的目标是缓解社会不公正，它更倾向于向困难群众提供福利来改善他们的生活，实现政策目标。

尽管学者们对社会政策的界定各有不同，但我们可以发现在这些定义背后所隐含的一些基本共识：首先，社会政策是由政府或其他公共机构所制定的一种行动安排；其次，社会政策是由一系列活动所构成的动态过程；再次，社会政策是以一定的价值观作为基础的；最后，它的目的是通过对公共资源的合理配置来满足弱势群体的社会需要，从而实现社会公平与社会团结。在此意义上，本书将社会政策定义为：以一定的价值观念为基础，为解决社会问题、满足弱势群体的社会需要和增进社会福利，政府或其他公共机构通过立法、行政干预或制定行动方案、规则等方式合理配置公共资源，以实现社会公平与社会团结。

2. 长期护理保险政策

根据王思斌教授所提出的社会政策特征进行政策归类，长期护理保险政策属于社会政策的范畴。具体来说，其一，长期护理保险政策的对象是失能（包括失智）老年人，具有一定的排他性；其二，长期护理保险政策的对象——失能老年人——缺乏独立自主获取长期照护资源的能力；其三，长期护理保险政策通过福利供给来改善失能老年人的生活。因此，基于社会政策的概念，本书将长期护理保险政策定义为：以一定的价值观念为基础，政府或其他组织为解决失能（包括失智）老年人长期照护难题、满足其社会需要、增进社会福利而采取的一系列行动的总和，以促进社会公平与社会团结。

1.2.4 失能老年人

世界卫生组织提出，功能发挥和内在能力是影响老年人健康的两个重要因素。其中，功能发挥是指老年人与其所在环境的最终结合及其相互关系；内在能力是指个人无论在任何情况下都能动用的全部身体机能和脑力的组合。基于内在能力与功能发挥，世界卫生组织在 2015 年发布的《关于老龄化与健康的全球报告》中，将失能界定为一种社会属性，强调个人和环境之间的交互作用与复杂的相互联系，认为失能是功能障碍、活动受限或参与限制的概括性用语。彭希哲等（2018）从国际认定标准的角度对失能老年人进行了界定，认为失能老年人主要指因年迈虚弱、残疾、疾病、智力障碍等失去生活自理能力的老年人，按照国际通行标准，即无法独立完成吃饭、穿衣、上厕所、上下床、洗澡和室内走动六项维持生命持续、独立的日常生活自理能力（activities of daily living，ADL）之一的老年人群。综合来看，失能老年人是指60周岁及以上、因个人和环境之间的交互作用导致内在能力与功能发挥异常，并符合相关认定标准的不能完全自理的老年群体。需要说明的是，为了表达简洁，本书所指的失能老年人，在没有特别指明的情况下，包括所有程度的失能和失智老年人。

1.3 国内外相关研究综述

1.3.1 国外相关研究综述

纵观国外学者关于老年人长期照护的相关研究，大致可以总结为对以下三个议题的讨论：一是老年人长期照护资金从何而来；二是长期照护服务供给的相关问题；三是老年长期照护模式的发展趋势。

1. 关于各国长期照护筹资制度的研究

（1）关于发达国家老年长期照护筹资模式的研究。

科隆伯等（Colombo et al.，2011）将发达国家的长期照护公共筹资模式分为三种类型：一是以北欧国家为代表的税收模式；二是以德国、日本、韩国、荷兰等国家为代表的公共长期护理保险模式；三是以比利时为代表的卫生制度模式，即长期护理费用完全由公共健康保险支付。丹麦是税收型筹资模式的典型代表，它十分强调公共资助的社区照护，如果区县的老年人由于无法获得长期照护服务而必须留在医院，那么市政府必须向区县支付相应的费用（Merlis，2000）。德国于1995年实施了长期护理保险法，为8200万人提供了强制性的公共或私人长期护理保险。格德哈特等（Geraedts et al.，2000）认为德国的长期护理保险制度在开始运行的四年时间里，在财务上是合理的，并且扩大了获取有组织的长期照护服务的机会，为其他国家启动社会性的长期护理保险制度提供了借鉴。在德国之后，日本于2000年建立强制性长期护理社会保险制度，坎贝尔等（Campbell et al.，2003）通过研究发现，日本的长期护理社会保险制度是在预算范围内运作的，没有出现重大问题，并且已经被广泛认定为适当有效的社会政策。李等（Rhee et al.，2015）对韩国、日本和德国三个国家的长期护理社会保险制度进行了比较研究，建议长期护理社会保险制度要从有限的福利计划和严格的资格规制开始，并随着国家经验的积累和更多服务供给者的加入而扩大覆盖范围。美国的长期照护服务资金来源于私人部门的自费与私人保险、公共部门的医疗救助与医疗保险。陈（Chen，2001）认为上述资金来源模式会随着衰老的婴儿潮一代对长期照护服务需求的增长而面临巨大压力。

（2）关于长期照护筹资制度改革的研究。

随着长期照护需求的增加与服务对象范围的逐渐扩大，各国在为老年人提供充分且公平的财务保护方面面临着诸多困境。在此背景下，学者们开始关注于如何改革长期照护筹资制度。格伦迪宁（Glendinning，2007）认为英国的长期照护资源是零散的、不公平的并且缺乏针对性，建议尽管不一定采取社会保险的形式，但是可以借鉴德国的经验，将获取资源的简单性、透明性和公平性与成本控制以及政治的可持续性结合在一起，扩大“个人预算”试点。以美国的筹资制度为研究对象，格莱克曼（Gleckman，2010）认为美国私人长期护理保险的公众接受程度很有限，建议借鉴欧洲和日本的有益经验，发展公共保险或者公共保险与私人保险相结合的方式。谢弗勒尔等（Chevreul et al.，2013）对法国的筹资制度研究后发现，在所有的改革方案中，私人长期护理保险由于其不需要增加税收、政府可以制定经济激励政策来帮助最贫困的人购买私人长期护理保险以促进平等性，因此这种方式具有政治优势。詹森等（Janssen et al.，2016）分析了比利时与荷兰的长期照护制度改革，认为比利时弗拉芒政府已经通过大幅度减少最脆弱老年人预算的方式，一方面迫使长期照护组织在没有足够资金支持的情况下仍要为失能老年人提供他们所必需的照护服务，另一方面要求接受照护服务的老年人承担一部分费用；在相似意义上，荷兰政府也开始要求接受长期照护服务的老年人与政府一起共同付款，以承担老年人在机构照护时的护理、餐食与住宿费用。

2. 关于老年人长期照护服务供给的研究

（1）关于居家照护、社区照护与非正式照护的研究。

自20世纪70年代以来，由发展机构照护转向支持居家照护、社区照护与非正式照护成为发达国家长期照护政策的新趋势。魏瑟尔等（Weissert et al.，1998）基于过往30年的研究结果得出了总体结论：一是社区居家照护在降低成本方面的潜力相对较小；二是社区照护对医院的使用显示出不同的影响，进入医院增加的人数与减少的人数几乎相等，在医院中的总天数有时会增加，有时会减少。为了识别社区居家照护服务对象，弗里斯等（Fries et al.，2002）运用居家照护最小数据集评估工具的方式设计了一个服务对象筛选系统，以帮助确定社区居家照护服务对象的范围及其适宜的照护水平。在关于非正式照护的研究方面，杰特等（Jette et al.，1992）的研究发现，美国马萨诸塞州老年人长期照护常见的转变形式是从非正式照护到自我照料，而不是从非正式照护转移到正式照护。霍特维和诺顿（Houtven & Norton，2004）认为，非正式照护是正式照护的重要替代，它将对美国未来50年的长期照护服务领域产生重大影响，并且非正式照护有助于推迟老年人进入长期照护机构的时间，从而节省医疗保险金和医疗补助金。弗雷德里克（Frederick，2018）认为照护一名老年人会对非正式照护者的身体、心理、社会和财务健康产生负面影响，建议要关注非正式照护行为对非正式照护服务人员功能的影响，既要提高非正式照护者的照护能力，也要减轻非正式照护者的压力。

（2）关于长期照护服务递送过程以及供给有效性的研究。

在长期照护服务递送过程的研究方面，施佩尔等（Schipper et al.，2015）以荷兰的长期照护组织输送的长期照护服务为研究对象，从可用性（availability）、可负担性（affordability）与可接受性（acceptability）三个维度探究了长期照护服务可及性的影响因素，结果表明：其一，可用性主要受到实际问题和组织选择的影响；其二，在可负担性方面，由于荷兰医疗体系的改革，负担能力将会变得更加重要；其三，长期照护组织通过重视培养与老年人之间牢固的私人关系来提高老年人的接受度。在关于长期照护服务供给有效性的研究方面，尼布尔等（Nieboer et al.，2010）的研究表明：一是提供身体和社会需要的服务可以改善福祉；二是对于身体健康状况处于最低水平的老年人，照护服务有助于他们的社会健康，因此被赋予了较高的价值；三是紧急救护需求之外的个人和家庭照护被分配了较少的价值；四是有组织的社会活动，以及为身体虚弱的老年人和失智老年人提供的转运服务比额外的个人和家庭照护更为重要。

（3）关于失智症患者长期照护服务的研究。

关于如何为失智症患者提供长期照护服务也是国外学者关注的热点。蕾莉等（Reilly et al.，2006）的研究发现，失智专科机构仅在个别措施方面比一般照护机构做得好，总体而言，这两种机构为失智症患者提供了相似的服务。沃德等（Ward et al.，2008）认为失智症患者不仅具有沟通能力，而且在与周围人进行互动交流方面投入了很多的精力，因此他们建议将沟通水平与质量作为评估照护服务的一个重要指标，服务人员要基于以人为本的理念，听取失智症患者的意见。在相似意义上，克里斯滕森等（Christenson et al.，2011）研究了长期照护服务人员与失智症患者之间的口头交流形式，结果表明直接陈述的命令、澄清先前的命令与准确重复的命令会产生更好的依从性，他们建议在培训长期照护人员时应更侧重于他们表达方式的专业化培训，从而可以大幅度降低因语言表达方式不当所造成的不良影响。

3. 整合照护模式的研究

自20世纪90年代起，不论老年人长期照护费用在各个国家的情况如何，各国都普遍面临着服务质量较差、服务供给碎片化、服务供给系统效率低与难以控制长期照护成本的问题（Kodner et al.，2008）。为了解决这些问题，西方国家的学者们开始关注整合照护（integrated care）模式的研究。对整合照护的相关研究可以归纳为三个方面的议题：一是整合照护的内涵；二是整合照护的意义、特征与发展路径；三是有关整合照护实践的研究。

（1）整合照护的内涵。

在西方学术界，整合照护（integrated care）是一个在卫生健康领域的流行词汇，它具有多重含义（Kodner et al.，2002）。1992年，瑞典在护理与治疗一体化改革中提出了整合照护的思想，它是指患者通过在医院内部或外部接受专业的照护后，再与初级照护合作，返回到护理院或普通家庭的连续步骤（Andersson & Karlberg，2000）。在更广泛的意义上来说，整合照护是寻求将医疗健康系统与其他人类服务系统（长期照护、教育、职业和住房服务）联系起来，以改善结果（Leutz，1999）。林登等（Linden et al.，2001）将荷兰开展的透壁照护（transmural care）等同于整合照护，强调照护服务是以患者的需要为中心，通过普通和专业照护人员之间的合作和协调而共同提供的服务。雷伊滕等（Leijten et al.，2017）将整合照护的定义概括为一种结构化的努力，即通过部门内或跨部门的两个或多个沟通良好且协作的照护提供者提供协调、主动、以人为中心的多学科护理。总体来看，欧洲的整合照护是将诊断、治疗、照护、康复和健康促进有关的服务在投入、递送、管理和组织方面结合在一起，促进获取服务，提高服务质量、用户满意度和效率的方法（Gröne & Garcia – Barbero，2001）。美洲国家的整合照护强调全面、综合和持续，其目的是使人们通过健康系统内不同层次和地点的照护，并根据他们一生的需要，获得健康促进、疾病预防、诊断、治疗、疾病管理、康复与缓和照护服务的连续性（Montenegro，2011）。

（2）整合照护的意义、特征与发展路径。

2015年世界卫生组织发布的《以人为本的整合型卫生服务全球战略》（WHO Global Strategy on People-centred and Integrated Health Services，PCIHS）明确提出，整合照护的理由是合理的，其好处包括提高服务效率、降低成本、提高服务接受的公平性、更好的健康素养和自我保健、提高照护满意度、改善患者与服务提供者之间的关系，以及应对埃博拉等医疗危机的能力得到提高（Perkins，2015）。鲁兹（Leutz，1999）通过对欧美国家的实地考察，总结出了整合照护模式的五个共同特征：一是服务对象不同程度的照护需求是建立整合照护模式的出发点；二是不同照护形式的连接与整合过程并不只有收益，还要付出一定的成本；三是整合照护系统中的利益相关者对待整合照护的观点并不一致；四是整合照护模式构建的关键是如何消除原本各自独立的照护形式之间的差异；五是整合照护的发起者与实施者应是同一责任主体。在发展路径方面，普洛奇和克拉津加等（Plochg & Klazinga，2002）提出整合照护需要从基本过程层次（微观层次）、组织环境层次（中观层次）与卫生保健系统的筹资和政策环境层次（宏观层次）三个层面来优化照护系统的运作。在相似意义上，瓦伦蒂金等（Valentijn et al.，2013）以基础照护的综合性功能为视角，将整合照护分为宏观（系统）层次、中观（组织）层次和微观（临床）层次，认为理想情况下，整合照护服务应标准化，并由多学科团队提供，以确保护理过程的连续性，同时应提供激励措施以达到绩效和效率标准。

（3）有关整合照护实践的研究。

拉丁美洲国家在整合照护方面有较多创新实践：阿根廷在法律层面建立了整合联邦健康体系；玻利维亚构建了跨文化、跨市级行政单位的家庭社区卫生服务网络；巴西将促进、预防和照护活动都整合到健康照护中，并将获得更好的健康视为公民的权利；智利建立基于基础照护的健康照护网络，并维护服务对象平等的健康权；乌拉圭建立的综合性国家卫生系统和委内瑞拉建立的区域性整合健康网络以提供适宜且及时照护服务的方式提升了服务供给的公平性和普遍性（Montenegro et al.，2011）。在欧洲，丹麦于2007年实施的医疗照护协议规定了市政府（提供社会照料）与地方政府（提供医疗护理）形成法定的合作关系；与丹麦不同，意大利的市政当局更倾向将社会照料的供给任务指派给地方医疗机构执行；爱沙尼亚通过加强信息与沟通技术的高度融合使信息共享更加便利；西班牙目前正在致力于政府层面医疗与社会照料的整合（Lluch & Abadie，2013）。

1.3.2 国内相关研究综述

纵观国内学术界关于老年长期照护的研究，大致可以将其归纳为以下五个方面：其一，对发达国家老年长期照护理论与实践的研究；其二，对不同主体在老年长期照护领域承担何种责任的研究；其三，关于中国老年人长期照护需求的影响因素研究；其四，对中国建立长期护理保险制度相关问题的探讨；其五，对中国长期照护服务供给体系发展方向的研究。

1. 对发达国家老年长期照护制度的发展理念与实践经验的研究

（1）对发达国家老年长期照护的理论分析。

有的学者从理念、内涵与机制等维度对发达国家老年长期照护进行理论分析。周春山和李一璇（2015）认为，发达国家长期照护体系是以马斯洛需求层次、老年健康学和福利多元主义为理论基础构建起来的，其主要特点是提倡“就地老化”的照护理念，并以系统且不间断的照护服务为目标进行资源整合的一个综合性体系。刘涛（2016）的研究发现，德国的长期照护保险制度已无法通过单一的福利国家角色进行解释，其福利供给形态正在向混合的福利多元主义发展。同样是以德国为研究对象，刘芳（2018）从四个方面总结了德国社会长期护理保险制度的运行理念：一是从治理的角度来看，国家与地方的关系主要体现了集权与分权的治理理念；二是注重护理需求评估，覆盖范围遵循普遍性原则；三是为了控制费用的无限增长，在制度给付过程中确立了预算原则和费用控制原则；四是在筹资主体方面，德国长期护理保险制度具有明显的福利多元主义倾向，实施多主体共同筹资的制度模式。以英国为研究对象，赵青和李珍（2018）总结了英国长期照护制度的具体措施：预防与管理医疗和照护的需求、理解需求、服务设计与提供、整合社会照护和医疗卫生服务、中央政府依靠新的制度安排监督与规制照护服务。罗丽娅和郭林（2019）发现以西班牙为代表的南欧国家深受“家庭主义福利”理念的影响，具有浓厚的家庭主义氛围，福利服务社会化程度较低，长期照护服务主要由家庭女性成员免费提供。

（2）关于发达国家老年长期照护的经验总结与实践启示的探讨。

通过分析发达国家老年人长期照护制度的特征与发展趋势，施巍巍（2012）认为社会保险制度模式是我国的长期发展目标。伍江和陈海波（2012）从荷兰社会长期照护保险制度实践中得出三点启示：一是法律文本对相关权利与义务要作出明确界定与划分；二是建立统一需求评估、准入机制，并进行严格的监督与审核；三是需要与时俱进、不断革新。殷俊和李晓鹤（2015）通过对法国长期护理津贴制度的研究提出了对我国的四点启示：一是要突破长期护理产业困境、推动长期护理产业的市场化改革；二是将成本控制与满足失能老年人的长期照护需求紧密结合；三是明确界定中央和地方政府的管理职能，分工协作、权责一致；四是加强对长期护理津贴制度的监管，确保长期护理资源的合理分配。胡宏伟等（2015）认为我国应借鉴美国的混合护理保险体系，构建社会保险与商业保险相结合的长期护理保险混合模式。施文凯和李珍（2018）对新加坡长期照护保障制度的责任共担模式分析后提出，我国需要充分发挥家庭在老年长期照护领域所具有的优势，应对家庭予以相应的政策支持。针对长期照护保险制度的天然脆弱性，刘晓梅等（2019）建议我国应借鉴日本的经验与教训，谨慎而行。

2. 对老年长期照护的主体责任的研究

有的学者从多主体合作的角度阐述了各主体的责任。郑雄飞（2012）认为，老年长期照护服务体系的构建需要基于一种“伙伴关系”，建立起由家庭、社会（社区）、政府和市场构成的多维服务空间。高春兰（2012）认为老年护理服务不同主体的合作关系中，政府与民间的公私合作关系尤为重要，需要强化政府的指导和规制作用、增强护理机构的社会责任。以需求溢出理论为视角，雷咸胜（2019）认为老年人长期照护的主体责任顺序应该是“个人—家庭—政府—社会”，我国长期照护保障应该重视个人和家庭在照护中的作用，积极构建维护和支持家庭功能的政策，同时引导社会力量积极参与服务供给。王晶和张立龙（2015）认为当下的家庭社会秩序与传统的家庭社会秩序明显不同，家庭照料者的沉重负担应被纳入政策考量的范畴。在相似意义上，王莉（2018）提出政府在鼓励家庭照护责任的同时，还应作出更为细致的政策设计，促进家庭和政府责任的均衡融合。有的学者强调政府在老年长期照护中的责任与定位。涂爱仙（2016）认为在社会转型时期，老年长期照护更应该突出政府责任：一方面，要充分发挥政府的主导作用，将各种优惠政策高效落实；另一方面，要加大政府的财政投入力度，一是加速养老服务体系发展，二是建立家庭照护补贴制度，三是大力推行长期护理保险制度。谢冰清（2019）认为尽管政府责任重要，但国家独立承担财政与供给的责任不适合中国国情，应将给付责任分担给社会整体。另一篇文章中，谢冰清（2019）进一步提出国家责任亟待从顶层设计、服务供给和调控方式三个方面实现由兜底责任向担保责任转变。

3. 对中国老年人长期照护需求的影响因素研究

（1）不同行政区域的老年人口的长期照护需求。

杜本峰和沈航（2008）以北京市老年人和照护机构为调查对象，研究发现北京市老年人对专业的照护机构逐渐认可，照护机构在长期照护服务供给中的作用正在凸显。孙正成（2013）以浙江省17个县市为分析样本，发现民众普遍更倾向于选择家庭护理和专业机构护理。王雪辉（2016）发现，在河南省年龄较大、生活在农村、子女数较少、日常生活能力和情绪表达能力较差、有儿子儿媳或女儿提供照料的老人对长期护理服务的需求相对较高。张强和高向东（2016）基于上海市调查数据的实证分析发现，老年人健康状况、长期护理费用对老年人口长期护理需求有显著影响。

（2）城市与农村老年人口的长期照护需求研究。

在农村老年人的长期照护需求研究方面，曾卫红等（2014）发现贫困山区老年人的长期照护需求受到年龄、婚姻状况、教育水平、健康状况、经济状况和社会网络的综合影响。廖小利（2019）的研究表明：农村失能老年人希望获得的长期照护方式主要是家庭照护；希望获得的长期照护内容主要是帮助洗衣做饭、打扫家中卫生、陪同外出购物和乘坐交通工具等。在城市老年人长期照护需求研究领域，学者们的研究更为细致。孔凡磊等（2014）对西藏自治区拉萨市和日喀则市城市老年人的长期照护需求状况进行调查分析后发现：老年人的精神健康与长期照护需求呈负相关；西藏城市老年人的社会经济地位不仅与其长期照护需求呈负相关，同时还会通过影响其精神健康（正相关）而间接地对其长期照护需求产生影响。黄文杰和吕康银（2019）对长春市城市老年人的长期护理保障需求进行实证分析后发现：家庭特征显著影响老年人长期护理需求，更多人对未来“失能状况”下的照料预期寄托在配偶和子女身上。

4. 对中国建立长期护理保险制度的研究

（1）关于中国建立长期护理保险制度的必要性与可行性的研究。

王杰和戴卫东（2007）以新制度经济学为视角，从价值、意识形态、成本与路径 4 个维度阐述了中国建立长期护理保险制度的可行性，认为中国的长期护理保险制度需要区分城市与农村，分别由城市范围内的居家养老护理保险制度和农村地区的老年护理救助制度两部分构成。王玉玫（2011）认为独特的老龄化社会对我国长期护理保障产生迫切需求，中国需要建立以社会保险为主体、商业保险为补充的长期护理保险制度。郑功成（2016）认为建立长期护理保险制度是应对人口老龄化挑战的重大制度创新，它不仅是现代社会文明进步的重要体现，还会对拉动国内长期照护需求、促进老年人购买长期照护服务、加速经济社会健康协调发展产生重大影响。曹信邦（2018）认为，强制性长期护理保险在共担失能风险方面具有显著优势，一方面可以积极应对因长期照护费用增长而导致的长期护理财务风险，另一方面可以解决私人长期护理保险市场失灵的难题。

（2）关于长期护理保险参与意愿的研究。

通过对陕西省榆林市民众随机发放的问卷调查进行分析，杜霞和周志凯（2016）发现，长期护理保险的参与意愿与政府补贴、工作和收入的稳定程度、收入高低、患有慢性病的种类、降低风险的意愿、对长期护理保险的了解程度以及对于专业机构照护的期待程度呈正相关。李含伟等（2018）对中国12个省份的问卷调查数据进行分析后发现：西部地区、中部地区、东北地区、东部地区的缴费意愿强烈程度依次提高。张瑞利等（2018）对南京市老年居民调查后发现，南京老年人对于长期护理保险的了解程度较低、参保意愿普遍不高。

（3）关于长期护理保险制度基本问题的研究。

在保障对象范围的研究方面，刘鑫（2012）从制度适宜化理论的视角出发，认为中国的长期护理保险制度可以考虑建立在“广覆盖”的基础之上。尹尚菁和杜鹏（2012）认为照护对象从失能老年人转向失能和失智的功能障碍老年人，是迎合当前阿尔茨海默病老年病患不断增多的重要举措。张晖和许琳（2016）认为需求评估是获得长期护理保险赔付的依据，但我国目前忽视了需求评估的重要性，他们建议要在明确各主体照护责任的基础上，解决老年人长期照护的财务与服务输送问题，尽早出台规范性的需求评估政策。

在关于资金来源的研究方面，刘金涛和陈树文（2011）认为个人、企业和政府要共同承担筹资责任，其筹资比例应为3.3%。陈璐和范红丽（2014）通过问卷调查发现：50岁以上群体对于建立长期护理保障制度持积极的态度，但在缴费责任方面，低收入群体认为政府应承担所有的缴费责任，临近退休的高收入群体从自己当前的收入状况与企业已经承担的福利责任角度出发，认为不要再增加企业的资金压力，不赞同企业参与缴费。雷晓康和冯雅茹（2016）认为长期护理保险的资金可以来源于政府补贴、医疗保险基金、住房公积金、社会支持和个人缴费。

在关于运行模式的研究方面，盛和泰（2012）认为，政府引导并委托专业机构运营的方式符合我国经济发展水平不高、老龄居民消费能力有限的实际国情。荆涛和谢远涛（2014）认为，纯粹的商业长期护理保险模式目前具有可行性，但推行需要一个过程；在特定阶段，有必要建立只针对在职人群的保险模式（社会保险与商业保险相结合）；覆盖全体公民的强制性社会长期护理保险模式是最终愿景。张继元等（2018）从社商协作的视角提出，社会保险与商业保险都具有各自的优势，它们应共同成为我国多层次长期护理保险体系的组成部分。

（4）关于试点城市长期护理保险制度的特征、实践经验、发展困境与解决对策的研究。

张慧芳和雷咸胜（2016）发现青岛、长春和南通三地的长期护理保险政策名称各不相同，普遍面临着由于缺乏政策系统性而导致的碎片化、资金来源渠道不合理、保障范围存在偏颇、照护服务人员和护理产品严重短缺等问题，由此提出了以下建议：要通过立法来构建系统性的政策体系、明确多主体筹资责任、合理公平地设定保障范围以及注重护理人才培养与护理产品的生产与供给。以青岛市医疗护理保险制度为研究对象，潘屹（2017）认为青岛市建立的长期医疗护理保险制度兼顾了资金保障和长期照护服务供给两个方面，既符合人社部提出的长期护理保险制度要求，也涉及了民政部倡导的长期照护服务体系建设规划，具有较强的推广意义。通过对上海市长期护理保险制度的研究，胡苏云（2018）发现上海在长期护理保险领域已经形成了较完备的政策体系，但是也存在着一些问题：一是评估内容侧重于医学评估，而忽视了失能老年人生活照料方面的需求；二是服务内容和项目还很有限，难以与失能老年人的需求相匹配；三是与居家养老服务补贴相比，居家护理服务的补贴较少；四是护理人员严重短缺，护理服务定价与支付体系不科学；五是长护险信息系统还不完善，缺少过程监管；六是长期护理保险与其他社会保险、社会救助体系缺少衔接。徐宏和岳乾月（2018）认为政府和社会资本合作（Public - Private - Partnership，PPP）模式是推进医养与长期照护服务供给的重要力量。

5. 关于中国长期照护服务体系发展方向的研究

林艳等（2009）认为中国应倡导长期照护在地化的理念，让60～100岁、生活自理程度从高到低的老人在晚年生活各阶段的照护需求，不出社区就可以得到动态的满足。唐咏（2012）提出中国要构建整体化的老年服务路径，即连续性的居家、社区和机构的长期照护服务。以福利多元主义理论为视角，李明和李士雪（2013）提出了四个方面的发展建议：一是要制定准入标准，将有长期照护需求的群体纳入保障范围，并依据失能程度进行分级管理；二是创新长期照护服务形式，开展多样化的服务供给；三是对人才培养、信息网络建设提供大力支持；四是构建独立的长期护理保险制度，以实现长期护理与医疗、养老相分离的目标。肖云等（2014）发现社区居家照护在城市与农村之间存在较大差异，建议应统筹推进城乡失能老年人社区居家照护服务体系建设，其措施可以包括加大健康教育培训力度和政府照护资金投入、缩小城乡之间在照护内容方面存在的差距等方面。席恒等（2014）认为在现有的家庭、社区与机构三大供给主体的基础上，应增加物联网这一供给主体，它可以在失能老年人长期照护服务供给中提高效率、降低成本与优化资源配置。杨团（2016）提出中国应该制定以家庭为根、社区为本、基层治理为重的长期照护社区计划，设计一个能够提供不间断、多样化照料服务的新的社区长期照护治理体系。彭希哲等（2018）认为长期照护服务体系的发展需要重视失能评估工具的开发，建议构建中国版的ICF（国际功能、失能与健康障碍分类）评估体系。

1.3.3 国内外相关文献评析

通过对现有研究的综合梳理我们可以发现，老年长期照护已成为国内外学术界共同关注的热点议题，但是在具体的研究中，国内外的侧重点各不相同。由于国外特别是发达国家的老年长期照护制度已处于发展改革期，而我国还处于探索建立期，因此在老年长期照护研究领域，中国与国外的研究在研究内容、研究进展、研究深度等方面都存在较大差距。总体来看，国外关于老年长期照护的研究侧重于对不同国家实施的老年长期照护筹资方案以及服务供给体系的比较研究与模式总结。特别是在近些年长期照护服务费用持续上涨，失智老年人长期照护问题显现，服务供给普遍面临着服务零散、质量较差、供给效率较低等问题的背景下，国外的研究特别偏重对上述问题的原因分析与解决方案的探讨。

相比较国外而言，国内还处于学习国外经验、探索本土化制度方案的阶段。在研究中，学者们主要关注于“国外做了什么”和“我国应该怎么做”两个方面的议题。尽管目前国内学术界关于“国外做了什么”问题的回答还不够细致，但已较为全面和系统。通过现有的文献，我们已经可以较为充分地了解国外老年长期照护的概况以及对我国的借鉴意义和启示，这为我国学者开展本土化制度研究提供了理论基础和发展思路。在国外实践经验的启示、国内长期照护供需矛盾日益凸显的背景下，我国学者在长期照护需求、各主体责任、长期护理保险制度构建的必要性与可行性等方面开展了广泛研究，特别是自2016年我国15个城市开展长期护理保险试点以来[①]，学者们更加关注于居民的参保意愿、地方实践现状与发展困境。然而，总体来看，目前关于“我国应该怎么做”问题的讨论还不够充分，有待进一步深化研究。

第一，中国如何构建老年长期照护制度（在我国主要指长期护理保险制度）是一个较为复杂且涉及多个学科理论基础的研究问题，而现有研究大多以经济学的相关理论或国外老年长期照护实践的经验启示作为理论或建制基础，总体上研究视角仍较为有限，还没有形成系统的理论体系来指导中国老年长期照护的发展。因此，有必要进一步拓展适合中国老年长期照护制度研究的理论视角，尤其是在积极应对人口老龄化国家战略背景下，如何将老年长期照护制度的构建与积极老龄化理论相结合的问题更需要进一步地探究与讨论。

第二，我国自2016年启动了长期护理保险试点工作以来，距今已有7年多的时间，已经具备了总结试点经验的条件，但关于试点总体情况的研究还较为缺乏。目前我国已有49个国家级试点城市开展了长期护理保险制度试点工作并颁布了长期护理保险政策。然而现有研究仍主要以2016年人社部公示的15个试点城市为研究对象，对其他开展长期护理保险政策试点的城市关注不足。对于不是仅在局部地区而是在国家层面构建的老年长期照护制度，需要更多城市长期护理保险实践经验与发展困境的研究与讨论作为基础，以更充实的本土化实践作为国家制度构建的现实依据。

鉴于以上两点，本书在已有研究的基础上，将积极老龄化作为理论切入视角，选取49个国家级试点城市颁布的长期护理保险政策为研究对象，探究中国长期护理保险政策现状、特征及存在的问题，并在借鉴发达国家长期护理保险制度成功经验的基础上，提出发展策略，以丰富

① 2016年人社部公示了15个城市，其中吉林省和山东省是重点联系省份。这两个省份逐渐扩大了试点范围，除了公示的2个城市外，又增加了20个城市，因此在2020年9月国家医保局和财政部颁布的《关于扩大长期护理保险制度试点的指导意见》中，将原有试点城市定为了35个。然而在2016年刚开始试点的时候只有15个城市，这里使用这一数据。

"我国应该怎么做"的研究成果，期望为中国建立国家层面的长期护理保险制度提供参考。

1.4 研究问题与研究内容

1.4.1 研究问题

本书的总体目标是在积极老龄化视角下全面了解试点城市长期护理保险政策的总体现状、形成的共同特征与存在的共性问题，并对中国如何推进长期护理保险制度进行探究。本书具体的研究问题可以归纳为以下4个方面。

第一，中国为什么要建立长期护理保险制度？如何理解老年长期照护、长期护理保险、长期护理保险政策、失能老年人等概念？积极老龄化理论的主要内容有哪些？如何基于积极老龄化理论构建本书的政策分析框架？

第二，现阶段，基于积极老龄化理论的视角，试点城市长期护理保险政策的主要内容有哪些？形成了怎样的政策特征？存在哪些问题？

第三，发达国家在长期护理保险制度实践中有哪些经验？这些实践经验对我国有怎样的启示？

第四，在发达国家实践经验的启示下，基于中国的实际与积极老龄化理论，深入思考：如何解决试点过程中长期护理保险政策存在的问题？如何从国家层面构建长期护理保险制度？

1.4.2 研究内容

为了回答上述研究问题，本书的具体研究内容按照以下8个部分展开。

第1章"绪论"。一是阐明了本书的研究背景与研究意义；二是根据研究需要，主要阐释了老年长期照护、长期护理保险、长期护理保险政策、失能老（年）人等基本概念；三是系统梳理了国内外关于老年人长期照护的相关研究并对其进行了评析；四是概括了本书的研究问题与研究内容；五是说明了本书使用的研究方法与政策分析样本的选择情况；六是提出了本书的创新点与不足。

第2章“理论视角与政策分析框架”。一是详细阐述了积极老龄化理论的提出、内涵、三个行动支柱及其核心理论；二是归纳了目前应用较为广泛的政策分析框架，并基于积极老龄化理论构建了本书的政策分析框架。

第3章“长期护理保险试点政策现状”。基于第2章构建的长期护理保险政策分析框架，从“参与”“健康”“保障”3个维度分析了49个试点城市长期护理保险政策的现状。

第4章“长期护理保险试点政策的主要特征”。从“参与”“健康”“保障”3个维度归纳了49个试点城市长期护理保险政策已经形成的共同特征。

第5章“试点城市长期护理保险政策存在的主要问题”。基于积极老龄化理论，审视当前49个试点城市长期护理保险政策实践中存在的共性问题。

第6章“发达国家长期护理保险制度的经验与启示”。选取荷兰、德国和日本3个长期护理保险制度先进国家，从“参与”“健康”“保障”3个维度对其制度实践进行比较分析，进而总结出对我国的启示。

第7章“中国长期护理保险制度的推进策略”。针对中国长期护理保险政策存在的问题，基于积极老龄化理论与发达国家的经验启示，从“基本原则”“参与”“健康”“保障”4个维度提出了中国长期护理保险制度的推进策略。

第8章“结论与展望”。一是总结了本书的主要结论，二是提出了有待进一步研究的问题。

1.5 研究方法与政策分析样本的选择

1.5.1 研究方法

1. 文献研究法

文献研究法是政策研究的基础性方法。本书是关于积极老龄化视角下中国长期护理保险政策的理论构建与政策实践的研究，必须依托于现有的学术文献和政策文本。文献研究法贯穿文章始终。具体来看，本书所使用的文献主要包括3种形式：一是通过中国知网、Web of Science、JSTOR等文献数据库检索、查阅和梳理正式出版的学术研究成果；二是通过北大法宝、中央及地方政府网站搜索与汇总的长期护理保险政策文本与各种统计数据；三是通过图书馆借阅、自己购买与网络平台下载的专业著作与权威报告。这些文献资料为本书提供了坚实的文献支撑。

2. 政策分析法

政策分析主要是在一定的理论框架指导下，对政策的价值观、理论及具体政策过程进行的描述与解释（熊跃根，2009）。本书的政策分析是指分析长期护理保险政策文本，研究以试点城市颁布的长期护理保险政策为载体的老年长期照护保障制度在发展中蕴含的理念与方向。政策分析的方法众多，较为常用的有系统分析法、政策内容分析法、政策量化分析、政策产出分析等。本书运用的政策分析法是政策产出分析。政策产出分析的任务是区分及剖析政策设计上的基本构成要素，而不是通过政策发展或评估政策结果去检视社会政策的过程（Gilbert & Terrell，2013）。本书的研究目的是通过分析不同试点城市颁布的长期护理保险政策内容，归纳出政策现状、形成的共识与存在的共性问题。这一研究目的正是需要对基本构成要素进行剖析。因此，为了分析试点城市长期护理保险政策，本书利用吉尔伯特与特雷尔（Gilbert & Terrell，2013）构建的政策产出模型。这个政策产出模型具有普遍适用性，适合分析社会政策的所有领域。具体来看，一是基于政策产出模型中提炼的社会政策最核心的四个基本要素，分析长期护理保险政策的总体发展现状；二是从上述政策内容分析中总结出试点城市长期护理保险政策的共识性的社会价值与运行机制；三是审视试点城市长期护理保险政策存在的主要问题。

3. 比较研究法

比较研究法是政策研究领域的重要方法之一，它是通过分析两个或两个以上的事物的共同点和不同点来发现分析对象的本质和规律的方法。本书对比较研究的运用主要体现在两个方面：一是对49个国家级试点城市颁布的长期护理保险政策内容进行比较分析，以总结出现阶段中国长期护理保险政策试点的总体现状、主要特征与存在的问题；二是对荷兰、德国和日本三个国家的长期护理保险制度进行比较研究，以总结出上述三个国家的实践经验及其对我国发展长期护理保险制度的启示。比较研究为试点城市的政策完善与国家层面长期护理保险政策的构建提出具有本土化意义的政策建议，有利于避免因对问题的认识缺陷而做出狭隘性的决策。

1.5.2 长期护理保险政策来源与样本选择

试点城市长期护理保险政策是指由地方政府（县级以上政府）及其部门颁布的社会保险属性的长期护理保险政策，它是所有具有社会保险属性的老年长期照护政策的统称（以下简称“长护险政策”）。本章对长护险政策进行了收集，构建了长护险政策数据库。长护险政策数据库中所有政策文本主要来源于3个渠道：一是从“北大法宝”法律检索系统中的“地方性法规”获取文献资料；二是从“中国长期护理保险试点政策数据库”获取相关政策文献①；三是通过各地方政府及其部门网站进行查漏补缺。

政策样本的选取按照以下原则进行。首先，选择2020年9月由国家医疗保障局会同财政部印发的《关于扩大长期护理保险制度试点的指导意见》中列出的49个国家级试点城市②。其次，选择能直接且明确体现出政府对长期护理保险所持态度的文件类型，主要包括法律法规、规划、决定、意见、（暂行）办法、通知、公告等。最后，为了保证所选政策的时效性，选取“现行有效”和“尚未生效”的政策文本，失效的政策文本不予采用。通过上述原则，本书最终梳理了截至2022年12月31日的有效政策样本138份，具体见本书附录。

① “中国长期护理保险试点政策数据库”由人民大学公共管理学院陈鹤副教授课题组提供，在此表示感谢！

② 分别是承德市、长春市、吉林市、通化市、松原市、梅河口市、珲春市、齐齐哈尔市、上海市、南通市、苏州市、宁波市、安庆市、上饶市、济南市、青岛市、淄博市、枣庄市、东营市、烟台市、潍坊市、济宁市、泰安市、威海市、日照市、临沂市、德州市、聊城市、滨州市、菏泽市、荆门市、广州市、重庆市、成都市、石河子市、北京市石景山区、天津市、晋城市、呼和浩特市、盘锦市、福州市、开封市、湘潭市、南宁市、黔西南布依族苗族自治州、昆明市、汉中市、甘南藏族自治州、乌鲁木齐市。

1.6 创新点与不足之处

1.6.1 创新点

本书的创新点主要体现在以下3个方面。

一是在理论应用创新上，本书结合积极老龄化理论3个行动支柱与政策产出模型构建了长期护理保险政策分析框架。从“参与”“健康”“保障”3个维度对试点城市颁布的长期护理保险政策中的核心要素——社会分配基础、社会供给类型、输送系统与筹资模式进行了比较分析，总结出了现阶段长期护理保险政策的现状、特征与存在的问题。

二是在发达国家经验研究方面，具有一定的创新性。本书对荷兰、德国和日本3个国家的长期护理保险制度在“参与”“健康”“保障”3个维度进行了比较分析，总结出了3个国家长期护理保险制度在上述3个维度的实践经验，并在此基础上提出了对我国推进长期护理保险制度的启示。在现有研究中，大多是对荷兰、德国或日本单一国家的经验分析，将3个国家基于某一分析框架的比较分析还较为缺乏。这3个国家分别代表了社会民主主义、法团主义与东亚福利三种福利体制在长期护理保险制度实践中的先进经验。本书通过总结上述3个福利体制国家中长期护理保险制度的实践共性，可以为我国长期护理保险制度的建立与完善提供更为先进的经验。

三是本书提出了失能老年人如何参与社会的问题，具有一定的创新性。在大多数研究中，关于积极老龄化理论中“参与”维度的研究对象主要是具有自理能力、可以再次进入劳动力市场进行有报酬劳动的老年人，然而对如何鼓励失能老年人的社会参与关注不足。这也是积极老龄化理论应用于失能老年人长期照护相关研究较少的重要原因。本书认为尽管失能老年人的社会参与行为与生产性行为不同，但不代表失能老年人失去了社会参与的机会，而是仍然具有社会参与的权利。失能老年人的社会参与主要体现在以下三方面：其一，失能老年人在其具有劳动能力的时候已为社会发展做出了贡献，在失去自理能力后应该被纳入长期护理保险制度保障范围，拥有获得福利待遇给付的资格。其二，失能老年人有权利参与自身的长期照护服务，具有自主选择所需服务类型的权利。这种参与行为不仅是“以失能老年人为中心”理念的具体实践，还是为失能老年人提供高质量长期照护服务的必然要求。其三，尽管失能老年人失去了自理能力，但仍具有参与社会劳动、获得教育的权利，失能老年人有权利参加健康教育课程、康复训练课等。

1.6.2 研究的不足之处

本书以积极老龄化理论为研究视角，结合政策产出模型构建了长期护理保险政策分析框架，分析了49个试点城市颁布的长期护理保险政策的现状、特征与存在的问题，在借鉴荷兰、德国和日本3个国家长期护理保险制度实践经验的基础上，提出了中国长期护理保险制度的推进策略。尽管这项研究具有一定的现实意义和理论意义，但这只是将积极老龄化理论与长期护理保险政策实践相结合研究的尝试和开端，提出的构想与结论也只是初步的，仍存在许多值得深入思考和研究探索的内容。本书的不足主要体现在以下两个方面：

一是由于受到篇幅的限制，本书的研究对象——长期护理保险政策专指目前中国主要试点的长期护理社会保险，而没有将互助保险、商业保险等其他长期护理保险形式纳入政策分析范围。在以后的研究中需要关注其他长期护理保险形式，对多层次长期护理保险制度进行深入研究。

二是由于受到可获取的政策文本的限制，本书选取的试点城市主要集中在国家级试点城市。虽然选取的49个国家级试点城市的长期护理保险政策相对明确、具有代表性，并且其基本模式与存在的问题已经初步显现，具有政策分析的价值，但中国幅员辽阔，不同城市之间往往存在差异，因此本书基于49个城市的政策分析结果仍然具有一定的局限性。随着试点进程的发展，试点范围会逐步扩大，届时会有更多的城市颁布政策文件，以后的研究需要扩大政策研究范围，紧随试点动态、关注更多城市长期护理保险的发展进程。

第 2 章　理论视角与政策分析框架

2.1　积极老龄化理论

2.1.1　积极老龄化的提出

1. 从消极老龄化到积极老龄化：对人口老龄化的反思

积极老龄化概念的产生源自对人口老龄化的反思。历史上对人口的关注，更多是因其在财富创造和战争中的作用，因此年轻型人口受到重视，老龄人口被视作负担（张熠和郑春荣，2017），人口老龄化被视为影响社会经济发展的制约因素。直至 20 世纪 80 年代后期，医疗技术进步带来的健康水平提高、人均寿命不断增长，促使人们重新审视消极的人口老龄化观念。1993 年，在第 15 届国际老年学大会上，国际老年学学会提出了“科学要为老龄健康服务”的口号；1995 年后，世界卫生组织将“老年人健康项目”改为“老龄化与健康项目”，在 1999 年时又将这个项目升级为“健康与生命历程”，这些成果经过提炼被概括为“积极老龄化”。2002 年 4 月，世界卫生组织在联合国第二届世界老龄化大会上将积极老龄化的内涵写进了政治宣言。在世界卫生组织、联合国、经济合作与发展组织等国际组织的推动与支持下，现如今，积极老龄化已经成为应对人口老龄化的主要全球战略（Walker，2015）。

2. 从成功老龄化到积极老龄化：人口老龄化理论的继承与发展

积极老龄化还来源于对人口老龄化理论的继承与发展。自人口老龄化成为全球性现象以来，国际社会一直关注于应对老龄化的理论与政策的探究。其核心理论主要有成功老龄化（successful aging）、生产性老龄化（productive aging）、健康老龄化（healthy aging）与积极老龄化（active aging）①。

“成功老龄化”（successful aging）源于 20 世纪 60 年代，该理论主张进入老年期后的老年人应该尽最大可能、长时间地保持处于中年阶段时的活动和价值，并且找到他们必须放弃的活动的替代品（Havighurst, 1961）。20 世纪 80 年代初期，美国老龄问题研究专家罗伯特（Robert Butler）提出了生产性老龄化（productive aging）理论。该理论认为生产性和年龄之间并不是可以完全区分和隔断的，人进入老年期后仍然可以继续进入劳动力市场、参与志愿性服务，或者在看护孙子女、照料亲属与自我照料等方面发挥积极作用，保持其所具备的“生产性”。20 世纪 80 年代末期，世界卫生组织提出了“健康老龄化”（healthy aging）的概念（王洵，2013），其主旨是“从老年人的健康状况和医疗保健出发，延长人类的生物学年龄和心理年龄，强调提高老年人的生命质量，使其缩短带病生存期并延长健康余命，保持较好的身体机能状态直到生命结束”（陈坤和李士雪，2017）。

20 世纪 90 年代末期，在“成功老龄化”“生产性老龄化”“健康老龄化”的核心思想与社会权利理论的影响下，世界卫生组织提出了“积极老龄化”理论。该理论的贡献可以归纳为 3 个方面：其一，国际社会对待人口老龄化的观点开始由消极转向积极，老龄化战略规划以“需求为基础”转变为“以权利为基础”，老年人不再被视为社会的负担，而依然是社会财富的创造者与社会发展的贡献者；其二，该理论强调对失能、虚弱和需要照料的老年人的关注，尽可能地使这些老年人也能延长健康预期寿命并享有高质量的生活；其三，“积极老龄化”的实现是围绕“参与”“健康”“保障”3 个基本支柱展开的，具有明确的行动框架，为世界各国提供了可操作性的行动策略。

总体来看，世界卫生组织提出的积极老龄化理论是基于社会权利理论而建构起来的，它承认老年人口在其全生命过程中都具有平等的机会去参与社会活动，并享有健康且有保障的生活的权利。从老龄化理念的发展过程来看，积极老龄化在延续了“成功老龄化”“生产性老龄化”

① 这四种老龄化理论不存在后者替代前者的关系，每种理论都在不断地发展。

"健康老龄化"关于"健康""参与"的内涵的基础上，强调了对失能失智、虚弱和需要照料老年人群的关注，通过"保障"维度的引入，促使所有进入老年期的群体都能享有尽可能长的健康预期寿命并享有更高质量的生活。

2.1.2 积极老龄化的内涵

1. 世界卫生组织的界定

世界卫生组织在2003年发布的《积极老龄化政策框架》中将积极老龄化定义为：人到老年时，为了提高生活质量，使健康、参与和保障的机会尽可能发挥最大效益的过程。其目的在于通过健康、参与和保障3个行动支柱使所有老年群体（包括那些体弱者、残疾与需要照料的人）都能延长健康预期寿命和享有更高质量的生活（世界卫生组织，2003）。世界卫生组织（2003）提出的积极老龄化的政策与计划是期望能够促使个体和群体具有应对老龄化挑战的能力，能够鼓励和平衡自我照料责任、代际友好与团结，有助于缓解养老金、收入保障计划以及医疗和社会照护支出不断增加的压力。

2. 中国积极应对人口老龄化的政策意涵

为了积极应对人口老龄化，中共中央、国务院于2019年11月21日印发了《国家积极应对人口老龄化中长期规划》（以下简称《规划》）。2020年10月，十九届五中全会将"积极应对人口老龄化"上升为国家战略。《规划》的主要内容可以概括为3个方面：其一，将人口老龄化视为中国今后较长一段时期的基本国情，它既是机遇又是挑战。其二，强调了"以人民为中心的发展思想"。肯定了老年人在处于劳动适龄阶段时曾为中国发展建设作出的贡献，同时也认可了老年人在他们退休后仍然具有参与社会发展建设的潜能。对于无法继续参与社会发展建设的老年人，如失能失智、需要照护的人，国家有责任为其提供保障以增进福祉。其三，提出了社会财富储备、劳动力有效供给、为老服务和产品供给、科技创新与老年友好型社会环境创建5个维度的应对策略。

3. 积极老龄化内涵的比较分析

中国政府提出的积极应对人口老龄化的政策意涵与世界卫生组织对

积极老龄化的界定存在很多相近之处。一是都将老年群体视为促进社会经济发展的重要资源，承认老年人口在其全生命过程中都具有平等的机会去参与社会，并享有健康且有保障的生活的权利；二是都明确了积极老龄化是受多种因素影响的一个多维概念；三是都认为人口老龄化既是人类社会面临的严峻挑战，也是人类文明的重要标志，是社会经济发展的趋势。除了上述共识之外，中国提出的积极应对老龄化理念与世界卫生组织提出的积极老龄化理论也存在着差异。世界卫生组织更为注重在个体和群体两个层面对积极老龄化的概念建构，主要强调老年人所拥有的权利，即积极老龄化的最终目的是促使所有老年人都能够延长健康预期寿命和享有更高质量的生活。从本质上来说，这是实现老年人个体或群体的积极老龄化。而中国则是突破了老年人个体或群体积极老龄化的范畴，将积极老龄化置于整个社会经济发展的脉络之中，搭建了一个全社会共同积极应对人口老龄化的概念体系。

综合中国政府与世界卫生组织关于积极老龄化的相关概念界定，本书将积极老龄化的具体内涵归纳为以下三点。其一，积极老龄化是基于社会权利理论而建构起来的，它承认老年人口在其全生命过程中都具有平等的机会去参与社会，并享有健康且有保障的生活的权利。其二，积极老龄化是将人口老龄化视为社会发展的重要趋势与基本国情，积极应对人口老龄化是个人、家庭、社会、市场与国家的共同责任。其三，积极老龄化是一个多维度的概念，应包括老年人个体、老年人群体与人文社会环境的积极老龄化，但究其根本是要落实到个体层面。

2.1.3 积极老龄化的三个行动支柱

世界卫生组织在其颁布的《积极老龄化政策框架》中明确提出了实现积极老龄化的三个行动支柱——“健康”“参与”“保障”。它们三位一体的最优结合是积极老龄化得以实现的关键（邬沧萍，2013）。这三个支柱不仅是实现积极老龄化的行动策略，也是实现积极老龄化政策目标的具体呈现形式。具体来看，一方面，通过提高老年人的健康水平、促进老年人的参与活动以及为老年人提供相应的保障，可以共同促进老年人健康寿命的延长与高质量生活的获得，这是行动策略层面的意义；另一方面，老年人抵抗风险的能力和高质量的生活是通过健康、参与和保障3个方面呈现的，并可通过这3个方面进行评估和测量。从这个意义上说，失能老年人在健康、参与和保障三支柱的获得就是积极老龄化的长期护理保险政策目标。

1. 健康支柱

健康支柱是实现失能老年人积极老龄化的基础。根据世界卫生组织在《积极老龄化政策框架》中给出的健康支柱的定义，可以将长期护理保险制度领域的健康支柱的内涵总结为两个方面：其一，健康状况是受到环境和行为因素影响的，健康支柱主要通过对环境和行为两方面的干预来降低老年人患慢性病和机能下降的风险；其二，基于失能老年人的需要和权利，构建长期照护服务体系，为失能老年人提供全方位的健康和社会服务。

2. 参与支柱

参与是指进入老年期后的老年人仍可以通过有偿和无偿的活动为社会继续作出贡献，而这一目标的实现需要劳动力市场、教育、医疗卫生、社会保障等领域的政策予以支持，并且这些政策必须依据老年人的基本权利、能力、需要和喜好来制定（世界卫生组织，2003）。对于失能老年人而言，由于其失去了独立生活的能力，因此难以通过有偿和无偿的活动为社会继续做出贡献，但并不意味着其失去了参与社会活动的机会。失能老年人在他们劳动适龄时，曾为国家经济与社会的发展做出了贡献，因此当他们年老、失去自理能力的时候，理应享受社会发展的成果，享有与其他社会成员一样的地位和待遇以及支配社会资源以满足自己被照护的权利（宋全成和孙敬华，2020）。在此意义上，长期护理保险政策中对于失能老年人参与方面的支持主要体现在两个方面。一是要充分尊重和维护失能老年人的合法权益，保障失能老年人拥有平等获得长期护理保险制度待遇给付的权利与资格，为失能老年人提供需求表达和自主选择福利内容的机会与路径；二是维护失能老年人参与社会劳动、获得教育的权利，为失能老年人开办健康教育课程、康复训练课等。

3. 保障支柱

保障是老年人在失去自我照料和自我保护能力的情况下，国家有责任为老年人提供保护和照护并维护其尊严，同时支持家庭和社区尽力为老年人提供照护（世界卫生组织，2003）。长期护理保险作为社会保障制度的重要组成部分，需要强调其社会保障功能，在老年人失去自我照料和自我保护能力的情况下，应发挥社会保障制度的社会互助共济功能，政府、企业、家庭与个人共同分担失能老年人的长期照护费用，以缓解失能老年人及其家人的长期照护负担。

2.1.4　积极老龄化的核心理论

邬沧萍（2013）曾提出，世界卫生组织精练出的“积极老龄化”在健康、参与和保障三个支柱达到最优结合状态的同时，还必须有3个前提条件：一是对老年人生命历程的关注[①]；二是对老年人权利的承认；三是多部门和代际的通力合作。这3个前提条件也是积极老龄化的核心理论。

1. 对老年人生命历程的关注

1995年世界卫生组织将“老年人健康项目”更名为“老龄化与健康”，这标志着老龄问题从以往把老年人群体在人口中划分出来的观念转变为“生命历程”的视角，即所有人都在老龄化，保障未来老年人队伍身体健康的最好方式就是在整个生命的过程中都要预防疾病和促进健康。生命历程可以从2个层面进行理解：其一，它是一个过程，包含了个人在各个生命阶段所经历的连续性事件与社会角色；其二，它是一种影响结果，也就是个人之前的生命过程对其后来产生的影响（杜鹏和李兵，2007）。生命历程已经成为社会科学领域的重要研究视角，其研究范式可以分成两类：一类是以生命历程理论集大成者埃尔德（Glen H. Elder）为代表的生命历程北美范式，该范式强调由于特殊事件而引发的生命历程转折以及由此造成的后续影响；另一类是以“生命历程的制度化”理论提出者科利（Martin Kohli）为代表的欧陆范式，这个范式强调宏观因素（包括社会制度与人生规划观念）对整个生命历程的塑造（郑作彧和胡珊，2018）。

北美范式的代表学者埃尔德认为生命历程理论是基于“变动的生活改变生命的轨迹”这一基本假设而展开的（马凤芝和陈海萍，2020）。从这个观点出发，埃尔德（Elder，1998）归纳了生命历程理论的4个

① 生命历程是由英文life course翻译而来的，国内学者也将其译为生命进程、生命过程等。

基本原理：①个体的生命历程是社会轨迹的一部分，这些轨迹赋予了个体独特的含义并影响他后面的生命历程；②个体总是生活在由家人、亲戚、朋友等组成的社会关系网中，每个人也会受到别人生命历程中发生的事件的影响；③同一个事件发生在生命历程中的不同时间段会产生不同的结果；④尽管在生命历程中个体会受到社会历史环境的影响，但是个体总是具有一定的能动性，可以有计划、有选择地推进自己的生命历程。

欧陆范式的代表学者科利提出了“生命历程制度化”理论，其核心观点是：“过去的两个世纪已经逐渐发展出了一种对于人生的制度性安排模式，即通过角色和个人取向来调节个体整个生命过程中的人生体验和人生计划（Kohli，2007）”。该理论的主要内容可以概括为 5 个方面：①生命过程被视作一个由时间所延续的跨度；②生命被数字化，生命历程变成一种量化时序；③不同的身份会肩负不同的权利与义务，在人生历程中，不同的身份会根据其特定的顺序出现在生命历程的不同区位中，从而使“个体”在其生命历程中扮演着不同的社会角色；④劳动力市场是安排生命历程的身份与权利、义务的主轴；⑤人们会根据生命历程制度构筑出符合社会期待的个人生平（郑作彧和胡珊，2018）。

通过上述分析可以发现，就影响个体生命历程的要素来看，北美范式更强调个体的生活环境对其造成的影响，而欧陆范式更侧重于制度性要素。然而，这两种分析范式并不矛盾，一方面，二者都强调了个人的能动性因素，即个体能够选择、计划自己的生命历程；另一方面，无论是生活环境还是制度性要素都会影响个体的生命历程。对于失能老年人而言，其以前的生活环境、在某一重要时间节点遇到的重大事件、社会保障制度的保障内容等方面都会影响他们的现状，若不提供相应的干预措施，将会导致现状逐渐恶化，进而影响生命历程。因此，从构建长期护理保险制度必要性的角度来看，政策的构建能应对老年人生活中的不连续和过渡阶段，强化生命历程的连贯性；从老年长期照护服务的针对性来看，基于生命历程视角，有助于实施相应对策解决失能老年人的困境。

2. 以权利为基础

“以权利为基础”是积极老龄化与健康老龄化、成功老龄化与生产性老龄化最本质的区别，它承认在增龄过程中老年人有均等机会和处理生活各个方面的权利，这是将老年人由消极对象转变为积极对象的重大突破。

（1）生存权和健康权是失能老年人的基本人权。

人的需求是权利生成的源泉。人权最早被认为是一种自然权利，是人之所以为人所固有的权利，即人权的充分必要条件只有一个：因为是人。人权的享有是不论任何方面的差异，存在于一切时间和空间的、属于全体人类的权利（米尔恩，1995）。在人权的范畴中，生存权和健康权是失能老年人的基本人权。

1991 年，中国发布了《中国的人权状况》白皮书，在其内容中明确申明：生存权是中国人民的首要人权。社会财富分配的一般标准应以所有人都能获得与其生存条件相适应的基本份额为基础，相比其他具有超越生存欲望的人，社会成员具有向国家提出优先的、为维持自己生存而必须获得的物和劳动的要求的权利（张文显，1999）。失能老年人作为弱势群体，比一般公民更具脆弱性，其生命安全面临着更大的风险。作为首要人权，失能老年人拥有通过国家、社会、家庭的服务与支持以获得满足个体尊严和生存所需的基本权利。

健康权是举世公认的基本人权（和音，2020）。1946 年《世界卫生组织宪章》首次将健康权写入国际公约，阐明了“健康权是人最基本的权利，不因种族、宗教及社会地位而有区别”。《世界人权宣言》第二十五条第（一）款规定，人人有权享受为维持他本人和家属的健康和福利所需的生活水准。在中国，2019 年 12 月 28 日全国人大通过的《中华人民共和国基本医疗卫生与健康促进法》第一章第四条规定：“国家和社会尊重、保护公民的健康权。”第五条规定：“公民依法享有从国家和社会获得基本医疗卫生服务的权利。”因此，健康权意味着健康公平，即人人平等享有健康权，并且国家有义务承担起保障人民健康权益和健康公平的责任。对于失能老年人而言，健康权意味着国家有责任承担起保障失能老年人获得长期照护服务的权利。

（2）失能老年人享有社会权利。

英国社会学家马歇尔（Marshall）提出了公民身份理论，并对基于公民身份的社会权利进行了系统的论述，认为社会成员作为公民，拥有不可剥夺的、获得社会福利的权利（彭华民，2012）。本质上，社会权利是一项关于平等的原则，它包括一系列从享有到充分享有社会福利资源的权利（彭华民，2012）。因此，弱势群体所遭受的不平等待遇是对他们基本权利的侵犯。与权利相对应，社会责任、工作及行为表现等积极公民的身份是公民所应履行的义务。综合来看，公民作为构成社会的基本分子，是社会产品的生产者、社会财富的创造者以及社会资源的享有者。所有公民都有权利过上有尊严、有保障的生活。

对于失去了独立生活能力的失能老年人来说，过上正常并有尊严的生活并非易事，特别是在长期照护需求无法得到满足时会陷入困境，有时还会受到身体和心理上的虐待。失能老年人作为公民，在他们劳动适龄时，曾为国家经济与社会的发展做出了贡献，因此，当他们年老、失去自理能力的时候，理应享受社会发展的成果，享有与其他社会成员一样的地位和待遇以及支配社会资源以满足自己被照护的社会权利。

3. 多部门和代际的通力合作

长期护理保险政策并不是孤立的策略或对策集合，而是国家层面积极应对人口老龄化战略中的有机组成部分，因此应将长期护理保险政策置于国家整体发展框架中加以思考和布局，需要强调“整体性治理”的战略视角和代际的通力合作。

（1）多部门合作：“整体性治理”战略。

目前以部门为主导而形成的各种老龄政策有碎片化的趋势，这种现象在老年长期照护政策领域表现得尤为明显。长期以来，与失能老年人相关的政策碎片化地分散在各种养老政策、医疗政策和社会救助政策中，导致了因不同部门缺乏合作、政策缺乏整体性设计而造成的重复性保障的问题。整体性治理（holistic government）理论产生于20世纪末的西方公共管理学界，它是解决碎片化、分散化导致的复杂社会问题以及实现低成本、高效率、更完善的公共服务和公共产品供给的重要策略（韩兆柱和杨洋，2013）。整体性治理的运作机制可以归纳为以下几个方面：①从组织形式来看，通过对宏观到微观、各种利益相关者的整合，形成了整合化的组织形式；②从管理结构来看，需要协调正式的组织管理关系和利益相关者间关系，形成网络化结构；③高效利用资源、协商解决社会问题、综合性供给公共服务是整体性治理的最终目的（李树茁等，2012）。鉴于此，我们需要借鉴“整体性治理”来调节乃至重构目前的老年长期照护政策。

在长期护理保险政策领域，实现“整体性治理”的关键是强调长期护理保险政策的跨功能性和跨部门性，并以此为基础促使不同社会子系统的资源形成合力。第一，从政府部门层面来看，以某一个部门为主导制定的长期护理保险政策，在其具体的实施过程中，需要其他部门的配合与支持。一是要打通各部门之间的壁垒，建立“绿色通道”，发挥各部门优势；二是通过政策合力以形成有效的治理网络。第二，整体性治理需要政府、市场和社会的合作。一方面，从政府、市场和社会合作的合法性来看，福利多元主义（或称“福利混合经济”）理论认为福利是全社会的产物，既不能完全依赖政府，也不能完全依赖市场，福利的来源是多元化的（彭华民，2012）。另一方面，从政府、市场和社会合作的必要性来看，一是多元主体共同参与失能老年人的福利供给可以减轻政府财政负担，减少因社会福利支出刚性增长而带来的财政危机；二是随着失能老年人对长期照护服务需求的急速增长，任何单一主体都无法独立承担充足且高质量长期照护服务的供给责任，民间资本的投入将会激发长期照护产业的潜力，促进其迅速发展；三是从“服务链”理论视角来看，政府、企业和社会组织并不是彼此分立的，三者是通过一个隐性链条而相互连接的，在这个链条的作用下可以提升最终服务满意度和服务效用（张永春和杜凝，2018）。

（2）促进代际团结。

世界卫生组织在《积极老龄化政策框架》中提出，朋友、工作伙伴、邻居以及家庭成员之间的相互依存和代际团结是积极老龄化的重要原则①。代际关系是老年学研究的重要领域，依据研究层次的不同，可以将代际关系分为社会代际关系和家庭代际关系。社会代际关系是老年群体与青壮年群体之间通过诸多中间媒介发生的各种联系，这些中间媒介包括社会权利、财富和资源的分配与共享，文化层面的沟通与交流，以及社会义务的意识与承担（吕晓莉和李志宏，2014）。家庭代际关系主要是指以亲子关系为基础的一种双向互动特征或彼此履行表现（王跃生，2016）。在长期护理保险政策领域，由于失能老年人必须通过他人的辅助与支持才能正常生活，并且子女是老年人精神、情感的主要寄托，因此失能老年人与青壮年、家人之间的关系非常紧密，彼此之间的互动方式直接影响着失能老年人的生活。

① 《积极老龄化政策框架》中将代际团结定义为：个人之间及两代人之间双向的施与受。

从社会代际关系来看，随着失能老年人口数的持续增长、劳动适龄人口数的持续下降，失能老年人口抚养比将会持续加重，这将会导致社会代际利益格局的改变，进而引发代际矛盾和冲突。在此人口发展趋势下，加强社会代际团结是社会稳定发展、实现积极老龄化的迫切需要。解决上述冲突的关键是平衡好劳动适龄人口与失能老年人口的利益分配。从青壮年的角度，要大力发展创新型国家建设，实现劳动力质量对数量的替代。从老年人的角度，一方面鼓励健康、低龄的老年人进入公共服务领域，成为服务供给者；另一方面延迟退休、增强老年人的收入水平以提高自身抵抗风险的能力。

从家庭代际关系来看，失能老年人的子女、儿媳、女婿是现阶段家庭照护的主要供给者。由于失能老年人不具有自理能力，他们对照护者更加依赖，这导致照护者需要投入更多的时间、体力、精力和情感以保证失能老年人的正常生活，并且照护失能老年人是一项长期性的、夜以继日的工作，在照护过程中，家庭照护者往往会感到孤独、焦虑、忧郁与疲倦（唐咏，2012）。特别是在计划生育政策和人口老龄化双重因素的影响下，家庭照护者的数量减少，导致家庭照护者在经济支出、时间安排、精力分配和心理感受等方面都承受着更加繁重的压力。在此背景下，重视家庭代际关系、发展代际团结非常必要。一方面，要继续弘扬和传承“以孝为先”的中国传统文化；另一方面，要建立家庭支持政策，为家庭照护者提供必要的支持，以减轻家庭照护者的压力，保持团结的家庭代际关系。

2.2 政策分析框架

2.2.1 应用较为广泛的政策分析框架

为了更好地发现政策实践中存在的问题，分析问题产生的原因及提出相应的对策方案，有必要进行政策分析。政策分析主要是在一定的理论框架指导下，对政策的价值观、理论及具体政策过程进行的描述与解释（熊跃根，2009）。政策分析的目的是要帮助公众将现实可能性与期望连接起来，并逐渐形成一致的认识，进而生成一种新型社会互动关系和“社会心理”模式（陈庆云，2006）。一般而言，政策分析都是在特定的框架下开展的，不同学者基于不同的理解或不同的研究视角，构建了多种政策分析框架。

1. 方法—对象组合式的政策分析框架

美国学者麦考尔与韦伯提出了“方法—对象”组合式政策分析框架，认为政策分析的常见方法是规范性分析与描述性分析，分析对象包括政策内容和政策过程（那格尔，1990）。基于分析方法与分析对象的交叉组合，两位学者进一步提出了四种不同的政策分析框架。第一种是“规范—内容”分析，其分析目标包含两个方面：一是使用较高的价值目标对特定的政策进行批判，并提出改进意见或一种完全不同的新政策；二是分析现行政策可能导致的未来结果，或者讨论某些并非实际发生、指向未来、具有预测性质的政策。第二种是“描述—内容”分析，其分析方式是首先总结出若干个与政策内容相关的属性，其次把这些属性视为政策过程的解释变量，最后研究这些解释变量对公共政策所形成的内容的影响。第三种是“规范—过程”分析，主要包括对目前政策程序的改进策略或设计出一套新程序。第四种是“描述—过程”分析，主要讨论政策周期（包括政策表述、决策、实施、效果评价和反馈等）的某一个或几个阶段的相关问题（陈庆云，2006）。

2. 过程导向式的政策分析框架

过程导向式的政策分析框架是目前应用较为广泛的一种政策分析模式。一般来说，政策形成过程是把社会问题转化为政策议题并经过决策环节产出政策、执行政策和评估政策的动态过程（高春兰，2019）。尤金·巴达克（2020）认为相比较非结构化的解决问题方式，一个结构化的问题解决程序更会受到政策分析者的欢迎。因此，他浓缩了政策分析的精华，构建了经典的政策分析八步法：以定义问题开始，以对最后决定做出解释告终。具体来看，政策分析的八个步骤主要是：定义问题（define the problem）、收集资料（assemble some evidence）、构建选项（construct the alternatives）、选择标准（select the criteria）、预测结果（project the outcomes）、权衡得失（confront the trade-offs）、作出决定（decide）与总结陈述（tell your story）。尽管尤金·巴达克（2020）提出的分析框架有先后步骤，但是他强调这八个步骤之间并不是一种严格的线性过程，而是一个持续思考、不断反馈、改变想法、逐步修正的过程。在相似意义上，拉斯韦尔（Lasswell）提出了政策分析七阶段模型：信息收集及处理、动员、处方、行动、适用、总结与评估七个阶段（Lasswell，1971）。安德森（2009）把政策性过程分为政策议程形成、政策议案形成、政策议案采纳、政策实施和政策评估五个阶段。

3. 吉尔伯特与特雷尔的政策产出分析框架

所谓的政策产出就是一系列的政策选择，其核心议题是：什么政策选择的形态或内容导致了最终的政策设计？这些政策选择排斥了哪些观点？什么价值、理论、假设可以用来支持这些选择？[①] 吉尔伯特与特雷尔（2013）认为，政策分析的任务是区分及剖析政策设计上的基本构成要素，而不是通过政策发展或评估政策结果去检视社会政策的过程。因此，政策产出分析框架的核心是对政策选择的基本构成要素的分析。基于福利分配的视角，吉尔伯特与特雷尔（2013）认为社会福利政策可以被解释为福利提供给谁，提供什么福利，福利如何被输送，以及资金从何而来四个方面的选择原则；鉴于此，构建了社会政策分析框架：以社会分配基础、社会供给类型、输送策略与财务模式作为社会政策的四个基本要素，每一个要素沿着支持该要素的社会价值以及该要素隐含的理论或假设三个维度进行检视。

4. 政府工具分析框架

政府工具（governmental tools）又称政策工具（public policy instruments）是20世纪八九十年代以来公共政策领域研究的新途径之一（陈振明，2009）。简单来说，政府工具就是达成政策目标的手段和方式（陈振明，2004）。有学者将政策的形成过程看作政府对各种政府工具的设计、匹配、组织与使用，在此意义上政策分析框架最终也会表现为各种政府工具的组合（赵筱媛和苏竣，2007）。政府工具分析框架的基本思想是基于公共政策的“结构论”，即公共政策是“结构性”的，它可以由“要素”或“模块”构成，这些“要素”和“模块”就是政府工具（黄萃，2016）。

对于政府工具分析框架，不同的学者提出了不同的观点和主张。莱斯特·M. 萨拉蒙（2016）等提出政府工具分析框架包括六个方面的主

---

① ［美］吉尔伯特、特雷尔：《社会福利政策引论》，沈黎译，华东理工大学出版社2013年版。

题：①工具的本质特征、主要的设计特征与所产生的变化形式；②工具运用的范围和模式；③工具的运行机制，即包含的任务、涉及的参与者和这些参与者被赋予的角色；④工具选择机制的动态性，包括某种工具最适合的运作环境和影响工作选择的政治考量；⑤工具带来的主要管理挑战与应对方法；⑥不同目的下各种工具的优势与劣势。有的学者关注于政府工具分类研究，将工具分类作为阐释政策分析框架的基础。罗威、达尔和林德布洛姆按照强制性标准将政府工具分为强制性工具（coercive tools）和非强制性工具（non-coercive tools）；加拿大学者霍莱特和拉梅什用同样的标准提出了强制性工具（compulsory tools）、混合工具（mixed tools）、志愿工具（voluntary tools）的三分法；萨拉蒙按照支出状况分为支出性工具（expenditure tools）和非支出性工具（non-expenditure tools）（陈振明，2009）。在技术创新领域，罗思韦尔和泽福德（Rothwell & Zegveld，1981）根据政府工具所能影响的不同层面，将政府工具分为环境面、供给面和需求面三大类。

综合上述4种政策分析框架可以发现，方法—对象组合式的政策分析框架主要通过不同政策分析方法的运用加深对政策分析对象的理解与诠释；过程导向式的分析框架将政策过程划分为若干个阶段，侧重于分析各种不同的政策输入因素对政策的形成过程产生何种影响的问题；政策产出分析框架是基于福利分配的视角，把社会政策过程理解为一种福利资源的筹措与配置的过程，重点在于审视政策产出背后的价值选择与理论支持；政府工具分析框架是把政策结构性作为基本理论基础，通过分析政策的结构特性考察政策体系的特点、规律与趋势。

2.2.2 本书政策分析框架的构建

上述4种政策分析框架已得到了广泛应用，成为政策分析领域的基础性框架。本书的研究目的是在积极老龄化理论视角下，探究中国试点城市长期护理保险政策的现状、特征与存在的问题。基于上述研究目的并结合中国长期护理保险政策实践，本书的政策分析框架由两部分构成：一是以积极老龄化理论的3个行动支柱作为3个基本维度；二是将政策产出模型中的4个核心要素作为政策分析内容，构建长期护理保险政策分析框架。

自2016年我国开展长期护理保险政策试点以来，试点城市相继颁布了具有针对性的长期护理保险政策，这为我们比较分析不同试点城市长期护理保险政策实践中的差异与共性创造了条件。在进行政策比较研究时，如何确定比较分析维度至关重要。①在积极老龄化理论视角下，本书将三个行动支柱“参与”“健康”“保障”作为一级分析维度。然而，由于“参与”“健康”“保障”较为抽象，难以开展具体的政策分析，因此，我们需要基于“参与”“健康”“保障”的核心内涵并结合试点城市颁布的长期护理保险政策的内容，构建二级分析维度。②二级分析维度是以政策产出分析框架为基础而构建的。选择政策产出分析框架的原因是：一方面，在进行政策比较分析时，我们需要先找到不同试点城市长期护理保险政策内容中都包含的要素。而吉尔伯特与特雷尔提出的政策产出分析框架的核心就是提出了社会福利政策中都含有的4个最普遍的元素（社会分配基础、社会供给类型、输送系统与筹资模式），这为我们开展长期护理保险政策的比较分析提供了具体的比较维度。另一方面，上述4个基本构成要素与“参与”“健康”“保障”3个行动支柱形成了相对应的关系。③依据试点城市颁布的长期护理保险政策的具体内容将二级分析维度进一步细化，形成了三级分析维度。由此，长期护理保险政策分析框架由上述三级分析维度构成。

1. 参与维度：长期护理保险政策的社会分配基础

在长期护理保险政策中，“参与”主要指维护失能老年人获得福利并根据个人需要参与到为其提供的长期照护服务中的机会与权利。根据吉尔伯特与特雷尔提出的政策产出分析框架，参与维度是指“社会分配基础”这个基本政策要素。社会政策是为满足政策对象的需求而制定的，即政策对象是福利的接受者。有学者认为，在进行社会政策分析时，最为重要的是讨论如何确定政策对象的问题（高春兰，2019）。社会分配基础是用来决定谁能接受社会政策所提供福利的规则，它既可以是一些特殊的限制，也可以是广泛而通俗的标准（吉尔伯特和特雷尔，2013）。传统上，社会分配基础一般分为普及式和选择式。在此基础上，吉尔伯特与特雷尔将社会分配的标准细化为4种类型：归因性需求、补偿、诊断差异和资产调查。长期护理保险政策是为了满足失能老年人的长期照护需求而制定的。在对试点城市长护险政策社会分配基础进行分析时，需要对长期护理保险政策的参保范围、申请待遇的资格条件、认定资格的标准和程序等方面进行分析。鉴于此，本书将“社会分配基础”分析维度进一步细化为参保范围、保障对象、失能认定的标准和主体三个部分。

2. 健康维度：长期护理保险政策的社会服务供给体系

在长期护理保险政策中，“健康”是指让失能老年人享受到全方位的健康和社会服务。根据吉尔伯特与特雷尔提出的政策产出分析框架，社会服务供给系统主要包括“社会供给类型”和“输送系统”两个基本政策要素。

（1）社会供给类型是指社会政策给予政策对象具体的福利内容与形式。

从给付内容来看，传统上福利种类主要分为两类：现金福利与实物福利。其中，现金福利是为福利对象提供直接的收入补偿；实物福利主要包括食物、住房、医疗护理、生活照顾等物品或服务。吉尔伯特与特雷尔在此基础上，以提供的形式与可转移性为分类基础，将福利种类分为机会、服务、实物、福利券与扣抵税额、现金及权利。根据长期护理保险政策内容，本书将“社会供给类型”分析维度进一步细化为服务项目、服务形式、待遇给付标准三个部分。

（2）输送系统指的是在服务提供者与服务消费者之间具有的一种组织性安排，即社会政策福利资源通过怎样的方式输送到政策对象。

输送系统的重点是如何强化输送系统的结构以增进福利服务的一致性与可及性（吉尔伯特和特雷尔，2013）。一致性强调输送系统各部门之间在任务分配、职责划分和内部构成等方面的协调统一（高春兰，2019）。可及性有两个层面的含义，一方面是从输送结果的角度来看，服务对象是否能够获得所需的服务；另一方面是从输送的可能性来看，某种福利服务是否具备需求者可以获得的性质和程度（王思斌，2009）。一致性和可及性提升策略的核心是要明确输送系统的组织构成及其数量分布以及不同组织所应承担的责任等问题（黄晨熹，2009）。根据长期护理保险政策内容中涉及的输送主体，本书将“输送系统”分析维度进一步细化为政府部门、长护险经办机构、定点护理机构和非正式照护主体四个部分。

3. 保障维度：长期护理保险政策的筹资模式

在长期护理保险政策中，“保障”主要是为失能老年人解决长期照护服务费用问题。根据吉尔伯特与特雷尔提出的政策产出分析框架，保障维度是指“筹资模式”这个基本政策要素，它是回答社会福利经费的来源与运行机制的问题。在筹资模式的分析中，首先要明确经费的来源渠道，其来源渠道直接决定着经费的使用领域，其次是要分析筹资的形式和标准，最后探究政策建立所需的启动资金从何而来的问题。鉴于此，本书将“筹资模式”分析维度进一步细化为筹资渠道、筹资形式与标准、启动资金三个部分。

第3章 长期护理保险试点政策现状

长期护理保险是中国在积极应对人口老龄化的过程中，为了保障失能人员的基本生活权益，提升其生活的尊严和质量，而正在探索建立的新的社会保险制度。2016年6月，人社部公示了15个国家试点城市和2个重点联系省份开展第一批试点，自此中国正式启动了长期护理保险政策试点工作。2019年，《政府工作报告》进一步提出了“扩大长期护理保险制度试点”的工作要求；2020年，国家医保局和财政部联合发文将试点范围扩大至49个城市。长期护理保险政策的试点范围正在逐步扩大，它将成为老年长期照护政策领域的核心政策。本章将以截至2022年底国家指定的49个试点城市颁布的长期护理保险政策为研究对象，分析不同试点城市长期护理保险政策的实践现状。

3.1 参与维度：社会分配基础现状

在社会政策的所有议题中，关于为谁提供福利的问题是所有政策研究者、方案设计者都需要最先回答的问题。从社会福利供给的角度来看，个人需要遵循“福利资格准入—福利制度结果”的福利获得路径，即只有通过福利资格准入，才能获得相应的福利结果（岳经纶和程璆，2020）。

长期护理保险政策的社会分配基础就是用来决定谁能受益的规则，从49个国家级试点城市已颁布的长期护理保险政策内容来看，关于“谁能受益”的说明主要是由三部分政策内容构成的：参保对象的范围、申请待遇给付的资格条件与认定资格的标准和程序。

3.1.1 参保范围

长期护理保险的参保范围是指长期护理保险政策所适用于的群体，也就是长期护理保险政策的覆盖范围。从49个国家级试点城市颁布的长期护理保险政策内容来看，所有城市的参保对象是依据基本医疗保险的覆盖范围而确定的，具体可以分成三类，如表3-1所示。第一类是以参加城镇职工基本医疗保险的参保人为长期护理保险的参保对象，包括承德市、珲春市、齐齐哈尔市、安庆市等25个城市。大部分试点城市的此类参保对象包括了在职职工、符合享受职工医疗保险退休待遇的人员与灵活就业人员等。第二类是以城镇职工和城镇居民基本医疗保险的参保人为参保对象，主要包括通化市、松原市和梅河口市3个城市。第三类是在第二类的基础上，以城镇居民医疗保险与新型农村合作医疗合并为契机，将居民的覆盖范围由城镇扩大至城乡，由此导致所有基本医疗保险的参保人都参加长期护理保险，主要包括长春市、吉林市、上海市、苏州市等21个城市。其中，上海市额外规定了城乡居民的年龄必须是60周岁及以上的基本医疗保险参保人，日照市仅限岚山区，临沂市则是在4~6个区县开展城乡居民长期护理保险的试点。通过以上分析可以发现，在49个试点城市中，所有参加城镇职工基本医疗保险的参保人都已参加长期护理保险；有近一半的城市将参加城乡居民基本医疗保险的参保人也纳入了覆盖范围，实现了长期护理保险政策的全覆盖；有个别试点城市在试点居民长期护理保险政策中只涉及了城镇居民，而没有将农村居民纳入其中。

表3-1　　49个试点城市长期护理保险政策的参保范围

长期护理保险的参保范围	城市
参加城镇职工基本医疗保险的参保人	承德市、珲春市、齐齐哈尔市、安庆市、淄博市、枣庄市、烟台市、泰安市、威海市、聊城市、滨州市、菏泽市、重庆市、天津市、晋城市、盘锦市、福州市、开封市、湘潭市、南宁市、黔西南布依族苗族自治州、昆明市、汉中市、甘南藏族自治州、乌鲁木齐市

续表

长期护理保险的参保范围	城市
参加城镇职工基本医疗保险的参保人、参加城镇居民基本医疗保险的参保人	通化市、松原市、梅河口市
参加城镇职工基本医疗保险的参保人、参加城乡居民基本医疗保险的参保人	长春市、吉林市、上海市、苏州市、宁波市、上饶市、济南市、青岛市、东营市、潍坊市、济宁市、日照市（居民仅限岚山区）、临沂市（居民在个别县区先行试点）、德州市、荆门市、广州市、成都市、石河子市（市区）、北京市石景山区、呼和浩特市、南通市

3.1.2　保障对象

长期护理保险的保障对象是指符合长期护理保险待遇给付资格条件的参保人员。当参保人满足长期护理保险的给付要求时，就可以申请待遇给付，在审核通过后，参保人就成为保障对象。从 49 个国家级试点城市颁布的长期护理保险政策内容来看，不同城市之间的待遇给付资格条件差别较大。总体来说，试点城市长期护理保险待遇给付的条件主要由 3 个方面的限制因素构成，分别是处于失能状态的时间长度、失能失智程度与缴纳医疗保险费的时间长度。

首先，“长期处于失能状态”是所有试点城市都具有的待遇给付要求，除了通化市、烟台市、威海市、日照市、汉中市等 9 个城市没有明确“长期”的具体时间段，以及济宁市将其规定为“3 个月以上”、枣庄市规定“连续卧床 30 天以上，预期达 6 个月以上”之外，其他 38 个城市都将“长期”规定为“不少于 6 个月”或者“预期达到 6 个月以上”。

其次，从失能失智程度的给付要求来看，在关于失能程度的给付要求方面，由于失能认定评估标准的不同，导致各试点城市待遇给付的失能程度要求也不同。主要可以分成 4 种类型，第一类是“传统失能等级”类，将失能程度分为重度失能、中度失能、轻度失能等。宁波市、梅河口市、齐齐哈尔等 14 个城市将“重度失能的参保人员”列入待遇给付的对象，聊城市将失能或半失能状态列入保障范围。第二类是“新评估等级”类，这一类是将重度、中度、轻度等传统的失能等级进一步细化，如青岛市将失能程度分为 6 个级别，其中三、四、五级的参保人员可享受待遇给付，烟台市和上海市也采用这种方式。第三类是“评估分数”类，这一类是根据评估分数的结果作为待遇给付的标准，大多数城市依据《日常生活能力评定量表》进行打分：承德市、通化市、安庆市、荆门市、重庆市、北京市石景山区、湘潭市、南宁市、汉中市将总评分低于40分（含40分）的失能人员列入保障范围；松原市将年龄低于85周岁总评分低于40分（含40分）、年龄超过85周岁总评分低于45分（含45分）的失能老年人列入保障范围；聊城市、滨州市将总评分小于或等于50分的失能老年人列入保障范围。还有的试点城市在依据《日常生活能力评定量表》的同时，还增加了其他量表评估结果的认定：广州市将不高于40分（含40分）或中重度痴呆症且日常生活活动能力评分不高于60分（含60分）的失能失智人员纳入保障范围；珲春市将《日常生活能力评定量表》得分在0~40分的重度失能人员、《日常生活活动能力评估表》得分在45~60分中度受损且《认知能力评估表》《感知觉与沟通能力评估表》中至少有一表得分在0~1分的重度受损人员作为保障对象；济南市将《日常生活能力评定量表》小于等于50分作为基本条件，在此基础上还需要参保人提供医院开具的病情鉴定结果；长春市除了认定《日常生活能力评定量表》总评分低于（含等于）40分的人员之外，还将按国家《综合医院分级护理指导意见（试行）》确定的符合一级护理条件且生活自理能力重度依赖的人员、体力状况评分标准（卡氏评分KPS）低于（含等于）50分的癌症晚期患者纳入保障范围。

关于将失智老年人纳入长期护理保险保障对象的城市还只是少数，目前青岛市、烟台市、珲春市、南通市、松原市、成都市、上饶市、菏泽市等城市将重度失智老年人，广州市将中、重度痴呆症人员列入长期护理保险待遇给付的范围。需要说明的是，纳入长期护理保险待遇给付的失智老年人在符合失智程度要求的同时，也要符合相应的失能程度的要求。如广州市规定，中、重度痴呆症人员要同时满足日常生活活动能力评定不高于60分的失能程度要求。

最后，从缴纳医疗保险费用的时间长度来看，个别试点城市在“处于失能状态的时间长度”和“失能程度”之外，还增加了医疗保险缴费状况的限制因素。重庆市明确提出长期护理保险参保人员达到失能评估标准且职工医保累计缴费满15年（含视同缴费年限）的，从评估结论下达的次月起开始享受待遇，缴费年份不足的，需补足后才可享受待遇。规定医保缴费满15年的还有成都市、昆明市等，除此之外还附加了长期护理保险缴费年限的要求，一般是要求连续参加长期护理保险满 2 年。其中，成都市对于居民的限制与职工不同，居民需要持续不断参加基本医疗保险满 2 年，并处于城乡居民基本医疗保险待遇享受期内就可以。还有些试点城市降低了缴费年限的要求，如晋城市规定累计缴费满 10 年，甘南藏族自治州要求 1 年以上。

综合以上内容可以发现，尽管各城市参保对象申请待遇给付的资格条件差别较大，但是长期处于失能状态（至少 6 个月）和重度失能人员这两个条件是 49 个城市都设定的待遇给付要求。一般情况下，经济发展程度较低的城市，限制条件较多，待遇给付的等级划分较为笼统，其待遇给付的范围较小；而经济发展程度较高的城市，限制条件较少，待遇给付的等级划分更加细致和明确，其待遇给付范围较广。

3.1.3　失能评定标准与主体

失能评定是认定长期护理保险参保对象是否享有待遇给付资格的最重要的资格认定环节。当保障对象失能程度（等级）发生变化或不符合待遇给付条件时，其长期护理保险待遇会随之发生调整或终止。从操作层面来看，失能评定标准与主体直接影响长期护理保险保障对象的范围。

1. 失能评定标准

从评估对象的角度来看，失能评定标准的种类可以分为对长期失能人员的评定和对长期失智人员的评定。无论是对长期失能人员还是长期失智人员的评定都需要借助于失能（或失智）认定评估工具来完成。

（1）从对长期失能人员的评定来看。

目前，49 个试点城市所选用的失能认定评估工具主要有 3 种。一是采用国际常用的《日常生活活动能力评定量表》（也称“Barthel”指数评定量表）作为失能评定标准。一般规定，评定总分在 40 分及以下的定为重度失能，41～60 分的定为中度失能，61～99 分的定为轻度失能，100 分的定为完全自理者。该量表所评定的内容主要是日常生活能力，包括进食、床椅转移、个人卫生、用厕、洗澡、平地行走（不能行走时的轮椅使用）、上下楼梯、穿脱衣物、控制大小便等方面。由于《日常生活活动能力评定量表》属于单一量表，其内容主要侧重于日常活动，个别城市会同时认可多个失能评定工具以弥补其不足，如长春市除了认可《日常生活活动能力评定量表》评定结果外，也采用《综合医院分级护理指导意见（试行）》或“体力状况评分标准（卡式评分KPS）”进行评定，三者只要符合其中一个标准就可获得待遇给付。还有的城市增加了住院治疗的诊断结果，如烟台市在将《日常生活活动能力评定量表》评定结果作为一项准入标准外，还要求符合以下三个条件之一：第一，患终末期恶性肿瘤的（呈恶病质状态）；第二，因病情需长期保留气管套管、胆道等外引流管、造瘘管、深静脉置管等管道（不包括鼻饲管及导尿管），需定期对创面进行处理的；第三，因神经系统疾病或外伤等原因导致昏迷、全身瘫痪或截瘫，且双下肢肌力或单侧上下肢肌力均为0级，生活完全不能自理需要住院医疗护理的。

二是在综合已有的国内外评估工具基础上，制定符合当地实际情况的综合性失能评定标准，代表城市是成都市、青岛市和上海市。其一，成都市由人力资源和社会保障局提出，劳动能力鉴定中心和四川大学华西医院老年医学中心联合起草了《成都市长期照护保险成人失能综合评估规范》。该规范由日常生活活动能力、精神状态、感知觉与社会参与3个一级指标构成。其中，日常生活活动采用Barthel指数分级进行评估，包括大便控制、小便控制、进食、穿衣、修饰、如厕、洗澡、床椅转移、平地行走、上下楼梯在内的10个二级指标；精神状态包括认知功能初筛、痴呆分期和精神行为3个二级指标；感知觉与社会参与包括视力、听力、沟通/社交3个二级指标。自2018年11月1日起，成都市将失智导致的重度失能人员纳入长期照护保险保障范围，其评定标准按照《成都市长期照护保险失能评估技术规范（失智）》来评定，该规范在全国层面具有较强的创新意义。其二，青岛市人力资源和社会保障局、青岛市卫生计生委、青岛市民政局于2018年制定并实施了《青岛市长期照护需求等级评估实施办法》，该办法规定了失能认定标准的内容包括“日常生活活动、精神状态、感知觉与沟通、社会参与、疾病状况、特殊医疗护理需求、营养状况、家庭经济状况、生活环境状况等”，其评估等级从0级到五级，共6个级别。其中，各级别与《中华人民共和国民政部行业标准：老年人能力评估》中的级别相对应：能力完好（0级），轻度失能（一级），中度失能（二级、三级），重度失能（四级、五级）。其三，上海市卫生健康委员会、上海市民政局和上海市医疗保障局于2019年12月共同颁布了《上海市老年照护统一需求评估标准（试行）2.0版》，该标准是在整合了上海市老年照护等级评估、上海市高龄老人医疗护理服务需求评估与上海市老年护理医院出入院标准的基础上统一制定的。其评定标准包括“自理能力”和“疾病轻重”2个维度，其中，自理能力维度包含日常生活活动能力、工具性日常生活活动能力和认知能力，对应的权重分别为65%、10%和25%；疾病轻重维度包括局部症状、体征、辅助检查和并发症4个分项，对应的权重分别为30%、30%、30%和10%。失能认定评估等级由自理能力和疾病轻重2个维度的分值共同决定，分值范围0～100分，分值越高表示所需要的照护等级越高。

三是选用《长期护理失能等级评估标准（试行）》作为失能评定标准。该标准是由国家医保局办公室、民政部办公厅于2021年7月联合印发的，是一项老年人能力评估工作中非常重要的国家级文件。其中明确提出，“《国家医保局　财政部关于扩大长期护理保险制度试点的指导意见》明确的14个新增试点城市参照执行《长期护理失能等级评估标准（试行）》，原有试点城市参照完善地方标准，原则上自本通知印发之日起两年内统一到《长期护理失能等级评估标准（试行）》上来。试点城市可根据试点实际情况，对《长期护理失能等级评估标准（试行）》进行细化完善”。由此可以推测，49个国家级试点城市会陆续使用《长期护理失能等级评估标准（试行）》。该标准由日常生活活动能力、认知能力、感知觉与沟通能力4个一级指标构成。其中，日常生活活动能力由10个二级指标构成，分别是进食、穿衣、面部与口腔清洁、大便控制、小便控制、用厕、平地行走、床椅转移、上下楼和洗澡；认知能力由4个二级指标构成，分别是时间定向、人物定向、空间定向和记忆力；感知觉与沟通能力包括3个二级指标：视力、听力和沟通能力。目前，天津市、晋城市、福州市、甘南藏族自治州、潍坊市、枣庄市、济宁市、苏州市等试点城市已经开始执行此标准。已有试点城市基于《长期护理失能等级评估标准（试行）》，并结合当地的情况，对评估标准进行了细化。例如，珲春市医疗保障局制定了《珲春市长期护理失能等级评估标准（试行）》，将因年老、疾病、伤残等原因导致人体的某些功能部分或全部丧失，从而使正常的活动能力受到限制或缺失的失能人员范围，扩大到感知觉与沟通能力缺失及认知能力缺失的人员。

（2）从对长期失智人员的评定来看。

目前49个城市失智人员的评定方案主要有两类，一是借鉴国际各类精神状态检查量表，如青岛市在运用《青岛市长期护理保险失智老人失智状况评估量表》的基础上，综合借鉴了《简易智力状态检查量表》(Mini-mental State Examination，MMSE)、《蒙特利尔认知评估量表》(Montreal Cognitive Assessment，MoCA)、《日常生活能力量表》(Activity of Daily Living Scale，ADL)、《汉密顿抑郁量表》(Hamilton Depression Scale，HNMD)、《哈金斯基缺血指数量表》等各类日常生活和精神检查量表；松原市依据不同的失智症状采用不同的认定工具，参保人员因患阿尔茨海默病、先天痴呆等疾病按照《简易智力状态检查量表(MMSE)》评定，因智力发育障碍采用《成人适应行动测定量表》，因精神分裂症合并脑卒中等依据《日常生活活动能力评定量表》进行鉴定。其中，MMSE评定量表作为操作性强的失能诊断量表是大多数城市选择的失智评定标准。二是专业医疗机构的诊断结果，如广州市医疗保障局、财政局等四部门颁布的《广州市长期护理保险试行办法》规定，诊断失智（痴呆症）时需要经广州市二级以上（含二级）社会医疗保险定点医疗机构中的精神专科医院或综合性医院神经内科诊断。

2. 失能评定主体

目前，49个国家级试点城市长期护理保险的失能评定主体具体可以分为2个维度6个类别，如表3-2所示。

表3-2　49个试点城市长期护理保险政策的失能评定主体

维度	失能评定主体类别	失能评定主体	试点城市
单主体	保险经办机构	医疗保险经办机构或受委托的商业保险公司	梅河口市、湘潭市、济宁市、长春市、烟台市（或定点医护机构）、滨州市
	评估机构	劳动能力鉴定委员会、劳动能力鉴定办公室、劳动能力鉴定中心、长期护理保险失能评估委员会、评定专家库、医疗机构第三方评估机构	成都市、石河子市、通化市、齐齐哈尔市、宁波市、荆门市、盘锦市、开封市、黔西南布依族苗族自治州、昆明市、甘南藏族自治州、乌鲁木齐市、吉林市、上海市、苏州市、南通市、安庆市、北京市石景山区、天津市、福州市、湘潭市、重庆市、上饶市、晋城市（会同商业保险机构）、青岛市、松原市、潍坊市、聊城市

续表

维度	失能评定主体类别	失能评定主体	试点城市
多主体	定点评估机构＋长期护理保险承办机构	定点评估机构（综合医院、中医院、乡镇卫生院）、商业保险机构	承德市
	长期护理保险经办机构＋专家鉴定	医疗保险经办机构（或商业保险承办机构）＋失能评定人员和评定专家库	枣庄市、东营市（商业保险机构承办）、德州市、南宁市、呼和浩特市（承办机构）、汉中市（承办＋评估机构）
	定点护理机构＋保险经办机构＋专家鉴定	专家认定委员会、长期护理保险经办机构（医保经办机构、社会保险经办机构、商业保险承办机构）、定点长期护理机构	珲春市、淄博市、泰安市、威海市、日照市、临沂市、广州市、济南市、荷泽市

一是单主体评定维度，即失能评定主体只有一个，主要包括保险经办机构和评估机构两种类别。目前由保险经办机构单主体开展失能评估工作的城市主要有梅河口市、湘潭市、济宁市、长春市、烟台市和滨州市，其中湘潭市的评估工作也可以由第三方评估机构来完成。通过专业的失能评估机构开展评估工作的试点城市数量大约占所有国家级试点城市数量的一半，主要包括成都市、石河子市、通化市、齐齐哈尔市、宁波市、荆门市等在内的28个城市。单独的专业评估机构类型主要包括劳动能力鉴定委员会、劳动能力鉴定办公室、劳动能力鉴定中心、长期护理保险失能评估委员会、评定专家库、医疗机构以及由政府委托的第三方评估机构。

二是多主体评定维度，即失能评定是由多部门完成的，其构成主要有三种类型：一是定点评估机构和长期护理保险承办机构（商业保险公司）；二是长期护理保险经办机构和专家鉴定；三是定点护理机构、保险经办机构和专家鉴定。总体来看，多主体评定意味着多环节评定：第一种类型是由定点评估机构负责接收申请，进行评定并将评定的结果提交至长期护理保险承办机构（商业保险公司），长期护理保险承办机构（商业保险公司）对评定的结果进行审核后最终确定并公示。第二种类型是长期护理保险经办机构负责指导申请人填写申请表并初步审核，然后组织专家按照标准对申请人进行现场评估，评估结果也由长期护理保险经办机构负责公示。第三种类型一般分为3个步骤：一是参保人申请与定点服务机构初审。参保人或其亲属、代理人提出需求评估申请①，然后由定点服务机构（或经办机构）对申请人提交的申请材料进行初审。初审材料齐全的，定点服务机构安排专业人员（一般是医师）进行现场初审，初审合格后报送经办机构。二是经办机构审核。经办机构在规定时间内对申请人材料进行审核，并进行公示。与此同时，经办机构可针对申请人生活自理情况，在邻里、社区进行走访调查，并如实记录，作为失能评估的佐证材料。三是现场评估。经办机构组织评估专家对申请人进行失能评估，并出具书面评定结果，经相关部门审核后予以公示并告知。在规定的时间内，申请人若对评估结果有异议可申请复查评估。目前，珲春市、淄博市、泰安市、威海市、日照市、临沂市、广州市、济南市、荷泽市等试点城市采取了这种方式。

3.2 健康维度：长期照护服务供给体系的现状

3.2.1 社会供给类型现状

长期护理保险政策的社会供给就是保障对象能获得的具体的福利内容。从49个国家级试点城市已颁布的长期护理保险政策内容来看，保障对象能获得的福利内容主要由服务项目、服务形式与待遇给付标准三部分政策内容构成。下面分别从这三个方面分析长期护理保险政策社会供给的现状。

1. 服务项目

服务项目是指长期护理保险政策为保障对象提供的服务内容。从49个试点城市颁布的政策内容来看，可以将服务项目归纳为5种类型：

---

① 申请入住护理服务的，向定点服务机构提出申请；申请居家护理服务的，向经办机构提出申请。

生活照护、医疗照护、预防性照护、康复照护与心理疏导，如表3-3所示。整体而言，目前所有试点城市的服务项目都包含了生活照护和医疗照护两个基础项目。在49个试点城市中，成都市、广州市、淄博市、东营市、潍坊市、济宁市、泰安市、菏泽市、晋城市、呼和浩特市、开封市、昆明市覆盖了5种类型的照护服务项目；上海市、苏州市、青岛市、荆门市、宁波市、重庆市、松原市涉及了4种类型的照护服务项目；济南市、日照市、湘潭市、石河子市、枣庄市、德州市覆盖了3种类型的照护服务项目；其余的24个试点城市提供生活照护和医疗照护2个大项的服务内容。还有一些试点城市将服务项目组合形成服务包，供参保人根据自身情况自主选择。例如，东营市设置了两类服务包：一类服务包可同时享受医药服务、医疗护理、照护服务；二类服务包只享受医疗护理和照护服务。荆门市对于居家护理服务提供基础服务包和个性服务包；重庆市对于机构护理服务设有基础服务项目和自选服务项目，而居家护理服务项目现在只有基本护理服务项目。

表3-3　　49个试点城市长期护理保险政策的服务项目

城市	生活照护	医疗照护	预防性照护	康复照护	心理疏导
成都市、广州市、淄博市、东营市、潍坊市、济宁市、泰安市、菏泽市、晋城市、呼和浩特市、开封市、昆明市	√	√	√	√	√
上海市	√	√	√	√	
济南市、日照市、湘潭市	√	√		√	
石河子市、枣庄市、德州市	√	√			√
齐齐哈尔市、上饶市、梅河口市、安庆市、通化市、北京市石景山区、承德市、吉林市、南通市、烟台市、长春市、珲春市、威海市、临沂市、聊城市、滨州市、天津市、盘锦市、福州市、南宁市、黔西南布依族苗族自治州、乌鲁木齐市、汉中市、甘南藏族自治州	√	√			
苏州市、青岛市、荆门市、宁波市、重庆市、松原市	√	√		√	√

除了比较常规的服务内容，部分试点城市还提供了医药服务、辅助器具租赁服务等。医药服务即由保障对象定点机构提供的医保目录内药品、诊疗项目服务和耗材等。例如，东营市规定，在享受医药服务期间，不再享受普通门诊统筹、门诊慢性病和住院待遇，其发生的政策范围内医药费用，不设起付线，由长期护理保险基金按照职工基本医保住院费用报销比例进行报销，与住院、门诊慢性病共用基本医保、大额补偿支付限额。辅助器具租赁服务主要针对符合长期护理保险待遇享受条件，有辅助器具配置需求，且经过适配评估确认需要配置辅助器具的居家失能人员。这项服务的开展可以进一步改善失能人员护理现状，还有助于培育发展长期护理保险辅助器具租赁市场。目前提供该项服务的试点城市主要有：南通市、安庆市、滨州市、广州市、开封市。天津市和黔西南布依族苗族自治州在其各自的长期护理保险政策实施方案中也明确提出了开展此项服务的计划。

总体上，49 个试点城市在服务项目方面存在较大差异。其一，不同试点城市长期护理保险政策方案中关于服务项目的详细程度不同。在 49 个城市中，承德市、长春市、汉中市、上饶市等近 10 个城市仅在政策中提出了“为保障对象提供日常生活照料和与基本生活密切相关的医疗护理”；其余的试点城市都有关于服务项目的说明，特别是上海市、吉林市、济南市、淄博市、东营市、烟台市、泰安市、德州市、聊城市、荆门市、晋城市、呼和浩特市、开封市、湘潭市、黔西南布依族苗族自治州、昆明市、甘南藏族自治州制定了独立且明确的服务项目清单，对每一类型的服务项目都做了具体的说明。其中荆门市除了制定了服务项目清单外，还对每一项服务内容进行了操作规范的说明。

其二，不同试点城市长期护理保险政策服务项目的侧重点不同。通过对 49 个国家级试点城市颁布的长护险政策内容的分析发现，有的城市提供的长期照护服务侧重于生活照护，如荆门市、齐齐哈尔市、宁波市、重庆市等。还有的试点城市侧重于医疗护理，如石河子市、菏泽市和烟台市等。另外，长春市颁布的长期护理保险政策规定，将原卫生部于 2010 年颁布的《住院患者基础护理服务项目（试行）》中规定的服务项目作为长期护理保险服务项目，这体现了强烈的医疗护理服务的倾向。

其三，部分试点城市对失能照护服务项目与失智照护服务项目进行了区分。成都市分别颁布了《成都市城镇职工重度失能人员长期照护保险基础照护服务项目及分级照护服务标准》《成都市城乡居民重度失能人员长期照护保险基础照护服务项目及分级照护服务标准》《成都市长期照护保险失能照护服务项目和标准（失智）》，对失能和失智的照护服务项目分别做出了具体说明。其中，失能照护服务项目分为基础项目的生活照料和可选项目的护理照护、风险防范以及功能维护；失智照护服务项目分为生活照护、安全照护、非治疗性照护以及功能维护。松原市特别强调了为居家失智老年人要提供娱疗、心理疏导、神经系统康复项目等神经、精神治疗和护理内容。

2. 服务形式

服务形式是指长期护理保险政策通过何种方式为保障对象提供长期照护服务。通过对49个试点城市颁布的长期护理保险政策内容的分析，以保障对象获得长期照护服务的不同场所为划分依据，可以将长期护理保险政策服务供给形式分为三大类型。第一大类是在定点机构内发生的机构照护。第二大类是在保障对象家中发生的居家照护。其中，机构照护又可根据机构的性质分为医疗机构照护和养老机构照护；居家照护可根据服务提供者的不同分为居家上门照护和居家自主（主要是亲属）照护。第三大类是失智老年人在失智专区内获得的失智照护，如表3－4所示。总体来看，在49个试点城市中，梅河口市、通化市、宁波市、烟台市、长春市、吉林市、珲春市仅涉及机构照护形式，其他42个试点城市都开展了机构照护和居家照护，而目前少数试点城市，如青岛市、南通市则设立了失智专区。

表3－4　　49个试点城市长期护理保险政策的服务形式

城市	定点（协议）机构照护		居家照护		失智专区
	医疗机构照护	养老机构照护	居家上门照护	居家自主（亲属）照护	
齐齐哈尔市		√	√		
荆门市	√	√	√	√	
成都市	√	√	√	√	
上饶市	√	√	√	√	
梅河口市	√	√			
聊城市	√	√	√		

续表

城市	定点（协议）机构照护		居家照护		失智专区
	医疗机构照护	养老机构照护	居家上门照护	居家自主（亲属）照护	
广州市	√	√	√		
安庆市	√	√	√		
南通市	√	√	√		√
通化市	√	√			
青岛市	√	√	√	√	√
宁波市	√	√			
重庆市	√	√	√	√	
石河子市		√	√	√	
苏州市	√	√	√		
北京市石景山区	√	√	√	√	
烟台市	√	√			
济南市	√	√	√		
长春市	√	√			
菏泽市	√	√	√		
上海市	√	√	√		
吉林市	√	√			
松原市	√	√	√		
承德市	√	√	√		
珲春市	√	√			
淄博市	√	√	√		
枣庄市	√	√	√	√	
东营市	√	√	√		
潍坊市	√	√	√		
济宁市	√	√	√		
泰安市	√	√	√	√	
威海市	√	√	√	√	

续表

城市	定点（协议）机构照护		居家照护		失智专区
	医疗机构照护	养老机构照护	居家上门照护	居家自主（亲属）照护	
日照市	√	√	√		
临沂市	√	√	√		
德州市	√	√	√		
滨州市	√	√	√	√	
天津市	√	√	√	√	
晋城市	√	√	√	√	
呼和浩特市	√	√	√	√	
盘锦市	√	√	√		
福州市	√	√	√		
开封市	√	√	√	√	
湘潭市	√	√	√		
南宁市	√	√	√	√	
黔西南布依族苗族自治州	√	√	√	√	
昆明市	√	√	√		
汉中市	√	√	√	√	
甘南藏族自治州	√	√	√	√	
乌鲁木齐市	√	√	√	√	

（1）定点机构照护：大部分试点城市涉及医疗机构照护和养老机构照护。

定点机构照护是指保障对象入住定点服务机构后所接受的长期照护服务。依据批准部门的不同，可以将定点机构分为两类：一类是以专业性医疗服务为主的医疗机构，主要包括医院、社区医疗卫生服务中心、乡镇卫生院等；另一类是以基本生活照料以及与基本生活密切相关的医疗护理为主的养老机构，主要包括养老院、护理院、医养护理服务机构等。从49个试点城市颁布的长期护理保险政策内容来看，除了齐齐哈尔市和石河子市不涉及医疗机构照护外，其余的47个试点城市的定点机构照护都包含医疗机构照护和养老机构照护。

（2）居家照护：以居家专业照护为主。

居家照护是指保障对象在家中获得的由长期护理保险政策提供支持的长期照护服务。依据服务人员的不同来源，可以将居家照护形式分成两种类型。一种是由专业服务人员上门提供的居家专业照护，其中专业服务人员主要来自医疗机构、养老机构、具有护理服务经营范围的法人主体以及个体服务人员。居家专业照护还可以再分为居家医疗护理和社区巡护两种类型，二者的区别主要在于服务人员提供的频次和时长不同。一般来说，社区巡护间隔的时间周期较长、每次提供服务的时间较短。另一种是由亲属提供的居家自主照护，提供照护的亲属可获得由长期护理保险基金支付的护理补助。南宁市和黔西南布依族苗族自治州对居家自主照护的服务人员提供专业化培训，并要求只有经过培训后才具有为亲属提供居家照护的资格。从 47 个提供居家照护服务的试点城市颁布的长期护理保险政策内容来看，所有的试点城市都提供居家专业照护，支持居家自主照护的试点城市为数不多。

（3）失智专区：失智老年人的“失智专区”照护。

青岛市在全国率先建立了失智专区服务形式。失智专区是一个封闭性较强，符合失智老年人身体、精神特征的专业服务场所，其中配有照护床位和经过失智照护专业培训的医护人员、社会工作师和养老护理员。失智专区内的照护形式可分为 3 种：一是为失智老年人提供 24 小时在院照护的长期照护服务形式；二是为白天在失智专区、晚上回到家中的失智老年人提供的日间照护服务形式；三是为一年内在失智专区累计时间不超过 60 天的失智老年人提供的 24 小时在院照护的短期照护形式。短期照护形式又称为喘息照护形式，它的目的是为家庭照护者提供休整喘息的时间。目前除了青岛市之外，南通市也设立了失智专区。

3. 待遇给付标准①

49 个试点城市之间的待遇给付标准各不相同，我们可以从 2 种不同的分类角度对 49 个试点城市的待遇给付标准进行分析。

（1）以待遇给付的计算方式为划分依据。

总体来看，以待遇给付的计算方式为划分依据，可以将待遇给付标

① 本部分内容所涉及的数据来源于各地区颁布的长期护理保险政策，政策名称见本书附录，此处不再一一列明。

准分为2类：一是按比例给付；二是定额给付。

第一，从按比例给付的试点城市来看，不同试点城市之间的支付比例存在一定差异。在49个试点城市中，共有36个城市是选用按比例给付的方式。长期护理保险支付的比例区间是在50%～90%，其中乌鲁木齐市、甘南藏族自治州、南宁市、开封市、盘锦市、日照市、济宁市、吉林市的最低支付比例小于70%，其余24个按比例给付的试点城市，其支付比例都大于（含）70%。大部分按比例给付的试点城市一般都不设起付线，但都会设定每人每天或每人每月的最高限额。例如，石河子市规定：入住协议护理机构接受护理、居家接受护理照料的参保人，发生的护理费不设起付线，护理保险基金支付70%，全月限额报销标准为750元；选择居家自行护理或者在非协议服务机构入住的，经办机构按25元/日标准支付给参保人个人。荆门市按床日或按月实行限额管理，限额以内的费用，由长期护理保险基金和个人按比例分担。其中，全日居家护理每人每日限额100元，由长期护理保险基金支付80%，个人承担20%；非全日居家护理每人每日限额40元，由长期护理保险基金支付；养老机构护理每人每床日限额100元，由长期护理保险基金支付75%，个人承担25%；医院护理每人每床日限额150元，由长期护理保险基金支付70%，个人承担30%。成都市职工的待遇标准是按照成都市居民人均每月可支配收入的30%～50%来确定。与此同时，也有不设置最高限额的试点城市。例如，青岛市没有关于限额的说明，只是规定：参保职工发生的符合规定的费用报销比例为90%；参保居民发生的符合规定的费用，一档缴费的成年居民、大学生、少年儿童报销比例为80%，二档缴费的成年居民报销比例为75%。

第二，目前按定额给付的试点城市有13个，彼此之间的给付标准也各不相同，个别城市之间差距较大。以医疗机构照护为例，苏州市给付的标准是重度30元/人/天、中度23元/人/天；南通市的中度失能人员40元/人/天、失智专区的中度失智人员50元/人/天；安庆市的给付标准是60元/人/天；上饶市为40元/人/天；东营市最高为700元/人/月（平均每人每天23.3元）；威海市的医疗专护为200元/人/天；滨州市在三级医院的是210元/人/天，二级医院为180元/人/天，一级医院为150元/人/天。通过以上数据可以看出，除了个别试点城市的医疗专护给付标准较高之外，总体来说，大部分按定额给付的城市所设定的额度在 30~50 元/人/天。

(2)以是否采用差别化补偿的方式作为划分依据。

相比较“待遇给付的计算方式”，以差别化补偿的方式作为划分依据可以更加细致地了解 49 个试点城市长期照护服务供给的待遇给付标准。总体来看，以是否采用差别化补偿的方式作为划分依据，可以将 49 个试点城市分成 7 种类型，如表 3-5 所示。

表 3-5　　49 个试点城市长期护理保险政策的补偿类型

城市	服务形式差别化补偿	服务等级差别化补偿	保障对象差别化补偿
齐齐哈尔市、南通市、安庆市、石河子市、北京市石景山区、天津市、晋城市、福州市、开封市、南宁市、黔西南布依族苗族自治州、汉中市、乌鲁木齐市、重庆市	√		
承德市、通化市、苏州市、宁波市、济南市、枣庄市、泰安市、聊城市、滨州市、菏泽市、荆门市、盘锦市、湘潭市、甘南藏族自治州、烟台市	√	√	
松原市、上饶市、济宁市、成都市	√		√
梅河口市、青岛市			√
珲春市、淄博市、潍坊市、日照市、临沂市		√	
东营市、呼和浩特市、上海市、威海市、德州市、广州市、长春市、吉林市	√	√	√
昆明市			

第一种类型是依据服务供给的不同形式分别设定不同的给付标准，目前共有 14 个试点城市属于这种类型。一是机构照护的待遇给付标准高于居家照护的待遇给付标准，例如齐齐哈尔市医养护理机构的支付比例为 75%，定额是 30 元/人/天；养老护理机构照护的给付比例是 70%，定额是 25 元/人/天；居家照护服务的支付比例为 70%，定额是 20 元/人/天。与齐齐哈尔市相似，南通市、安庆市、石河子市、晋城市、福州市、开封市、南宁市、黔西南布依族苗族自治州、汉中市、乌鲁木齐市、重庆市等试点城市的待遇给付标准是机构照护高于

居家照护，其中，区分医疗机构照护与养老机构照护的城市一般将医疗机构照护的给付标准设为最高。二是居家照护的待遇给付标准高于机构照护，代表城市有天津市、荆门市、广州市等。例如，天津市机构护理的基金支付比例为70%，定额是70元/人/天；居家护理的基金支付比例是75%，定额是2100元/月；荆门市全日居家护理的支付比例是80%，限额100元/人/天；养老机构的支付比例是75%，限额100元/人/天。

第二种类型是除了对服务供给形式进行差别化补偿之外，还对同一种服务形式内的不同等级的照护服务设定了不同的待遇标准。主要的试点城市有承德市、通化市、苏州市、宁波市、济南市、枣庄市、泰安市、聊城市、滨州市、菏泽市、荆门市、盘锦市、湘潭市、甘南藏族自治州、烟台市。在同一种服务形式之中，按照比例支付的城市，一般设定的最高限额基本一致，差别主要体现在其设定的基金支付比例上，即保障对象的失能程度越严重、需要的照护服务越复杂，其支付的比例越高。例如，通化市的机构护理待遇支付，最高限额是以全省上年度在岗职工月平均工资的35%为基数，Ⅰ级重度失能人员支付比例为65%；Ⅱ级重度失能人员支付比例为70%；Ⅲ级重度失能人员支付比例为75%。按照定额支付的城市，保障对象的失能程度越严重、需要的照护服务越复杂，其设定的定额越高。例如，苏州市入住机构的重度失能定额标准为30元/人/天，中度失能定额标准为23元/人/天。烟台市的专护和院护“基础护理费用”也体现了这种差别，保障对象失能程度越严重，所需的护理服务等级越高，基础护理费用补偿的数额就越高。在专护中，二级以上医疗机构护理需求四级、五级分别为190元/人/天、210元/人/天，一级医疗机构、护理院护理需求四级、五级分别为150元/人/天、170元/人/天，合并甲类慢性病的按10元/人/天标准予以补偿；在院护方面，护理需求三级、四级、五级分别为30元/人/天、40元/人/天、50元/人/天。

第三种类型是在服务形式进行差别化补偿的基础上，增加了保障对象身份的因素，即对不同身份的保障对象采用不同的待遇给付标准或基金支付比例。主要表现为职工的待遇给付标准或基金支付比例高于居民的给付标准，代表城市有松原市、上饶市、济宁市和成都市。例如，松原市入住定点医疗机构接受医疗专护的参保人所发生的医疗护理费不设起付线，城镇职工和城镇居民护理保险基金支付比例分别为85%和75%。

第四种类型是仅对保障对象不同的身份进行了差别化补偿，代表城市是梅河口市和青岛市。一般情况下，职工的基金支付比例高于居民。例如，青岛市参保职工发生的符合规定的费用，报销比例为90%；参保居民发生的符合规定的费用，一档缴费的成年居民、大学生、少年儿童的报销比例为80%，二档缴费的成年居民的报销比例为75%。梅河口市居民医保可报销60%，职工医保可报销70%。

第五种类型是仅对服务等级进行了差别化给付。这种类型的代表城市主要有珲春市、淄博市、潍坊市、日照市和临沂市。例如，珲春市城镇职工入住定点护理服务机构的重度失能人员每月最高可报销1680元、中度失能人员每月最高可报销1200元；淄博市对评估等级为五、四、三级的参保人，与医养结合定点护理机构、社区养老定点护理机构每人床日定额结算标准分别为45元、35元、23元。

第六种类型是在服务等级、服务形式与保障对象3个维度都实行差别化补偿方式。主要包括东营市、呼和浩特市、上海市、威海市、德州市、广州市、长春市、吉林市。例如，呼和浩特市在服务等级的差别化方面，同样是在机构中享受护理的职工，失能程度为重度三级的给付标准是1800元/月/人、重度二级是1500元/月/人、重度一级是1200元/月/人、中度是900元/月/人；在服务形式的差别化维度，同样是失能程度为中度的职工，在机构中护理可享受900元/月/人的待遇，而在家中获得居家护理的能获得750元/月/人的待遇；在保障对象的差别化维度，同样是中度失能的职工和居民，获得机构护理待遇给付的标准分别为900元/月/人和600元/月/人。一般情况下，失能程度越高，待遇给付标准便越高；机构护理形式的待遇给付标准要高于居家护理；职工享受的待遇水平要高于居民。

第七种类型是没有制定差别化补偿政策的城市。待遇给付不区分服务等级、服务形式以及保障对象之间的差别，目前这种形式的代表是昆明市。昆明市规定以2019年度云南省城镇非私营单位就业人员平均工资和城镇私营单位就业人员平均工资加权计算的城镇单位就业人员月平均工资（全口径月社会平均工资）的70%，作为待遇计发基数，月支付限额原则上不超过待遇计发基数的70%。对符合规定的护理服务费用，基金支付水平总体控制在70%左右。

3.2.2　福利输送系统现状

在长期照护服务供给体系中，除了需要明确保障对象“能获得什么福利”这个基本问题之外，我们需要进一步讨论如何将上述政策要素得以操作化，即具体的福利供给过程是如何实现的。福利输送系统具体指在一定范围内（如邻里、社区、城市、国家），社会福利从福利供给者到福利接受者的过程中所存在的一种组织性安排，即回答“保障对象如何获得福利”的问题。从49个试点城市颁布的长期护理保险政策内容来看，关于长期护理保险政策的福利输送系统主要涉及4个方面的职能主体，分别是政府部门、长期护理保险经办机构、定点护理机构和以家庭为主的非正式照护主体。

1. 政府部门及其职责

从49个城市颁布的长期护理保险政策内容来看，各城市的长期护理保险政策是由多个政府部门共同参与运行的。总体来看，主要的政府部门及其职责如下：①市（区）医保部门是长期护理保险的主管部门，负责辖区内长期护理保险的组织实施、管理与监督；②市（区）民政部门是养老服务的责任部门，主要负责统筹配置辖区内的养老服务资源、管理长期照护服务机构（养老机构属性）、对长期护理保险制度中各类生活护理服务的技术指导、护理保险与养老服务和民政救助等制度衔接工作等；③市（区）卫生健康部门，主要负责统筹配置医疗服务资源，负责医疗服务机构开展长期护理服务的规划、指导、审批，以及长期护理保险中各类医疗护理服务的技术指导，加强医疗护理服务队伍建设，提高医疗服务质量；④市（区）财政部门，负责长期护理保险相关资金保障、基金监督和管理等工作；⑤人力资源社会保障部门负责长期照护服务从业人员职业培训、能力提升、工资薪酬和就业补贴保障等工作；⑥保险监管部门负责商业保险机构参与护理经办服务的监管；⑦市（区）发展改革委负责长期护理保险试点工作的政策协调，以及长期护理服务的价格指导工作；⑧各市（区）人民政府要将护理保险事业纳入社会发展规划，在组织实施、经费投入、人员配置等方面予以支持，做好辖区内居民参保、政策宣传工作。

2. 长期护理保险经办机构

长期护理保险经办机构是指具体办理长期护理保险各项业务的机

构，其具体职能主要包括3个方面：一是配合行政部门制定经办流程与管理办法、负责第三方机构的监督与管理等；二是负责长期护理保险资金筹集、支付、结算等具体办理服务与管理工作；三是负责与定点护理机构签订服务协议并对其进行监督管理、长期失能人员资格认定与失能评估、服务组织、服务质量控制等一系列长期护理保险具体事务。从49个试点城市颁布的长期护理保险政策内容来看，不同城市的长期护理保险经办职能分别由不同的组织机构来承担，主要可以分成2种类型，如表3-6所示。第一种类型是长期护理保险的经办职能完全由单一经办机构承担，其组织类型可以分成2类：一是医疗保险经办机构，以长春市和吉林市为代表；二是社会保险经办机构，以石河子市为代表。第二种类型是由多个机构共同承担长期护理保险的经办职能，具体可以分为3种形式。一是由社会保险经办机构（或医疗保险事务中心）负责指导和管理，商业保险公司等第三方机构承办长期护理保险经办服务工作。采取这种方式的试点城市主要有烟台市、北京市石景山区、威海市、滨州市、宁波市。二是由医疗保险经办机构（或医疗保险事务中心）负责指导和管理，商业保险公司等第三方机构承办长期护理保险经办服务工作。这种方式是目前试点城市中普遍采用的形式，共有38个试点城市在实施。其基本的运行机制是在确保职工长期护理保险基金安全和有效监管的前提下，医疗保险经办机构可以按照政府购买服务的方式，通过公开招标等形式，选定、委托资质和信誉记录良好的商业保险公司等第三方机构参与长期护理保险经办服务等工作。商业保险公司等第三方机构应当接受医疗保险经办机构的管理和监督。例如，珲春市医疗保障局医疗保险经办中心与太平养老股份有限公司吉林分公司签订长护险试点工作委托经办服务协议，就政策咨询、护理服务机构管理、基金结算、待遇支付等方面的权利和义务进行了约定；潍坊市医保局通过公开招标，确定了中国人民财产保险股份有限公司潍坊市分公司等商业保险机构承办职工长期护理保险经办服务业务。三是组建照护保险经办机构负责管理和指导，同时社会第三方组建的照护保险服务中心具体承办长期护理保险经办事务，代表城市有南通市和乌鲁木齐市。

表3-6　　49个试点城市长期护理保险的经办机构

试点城市	长期护理保险经办机构	
长春市、吉林市	医疗保险经办机构	单一机构
石河子市	社会保险经办机构	
烟台市、北京市石景山区、威海市、滨州市、宁波市	社会保险经办机构、商业保险机构等第三方机构	多个机构
梅河口市、齐齐哈尔市、上饶市、青岛市、枣庄市、东营市、济宁市、泰安市、临沂市、德州市、聊城市、荆门市、天津市、呼和浩特市、福州市、南宁市、开封市、黔西南布依族苗族自治州、汉中市、甘南藏族自治州、济南市、松原市、通化市、淄博市、潍坊市、菏泽市、广州市、承德市、珲春市、苏州市、安庆市、日照市、成都市、重庆市、晋城市、湘潭市、上海市（医疗保险事务中心）、昆明市	医疗保险经办机构（或医疗保险事务中心）、商业保险机构等第三方机构	
南通市、乌鲁木齐市	照护保险经办机构、第三方机构（社会第三方组建的照护保险服务中心）	

商业保险机构作为主要的长期护理保险经办机构，其参与经办业务的方式主要有2种类型：政府购买服务的方式和委托管理的方式。具体来看，其一，政府购买服务的方式是政府将长期护理保险经办业务划分成若干个部分，将其中的某个或多个环节通过购买服务的方式交由商业保险机构代为办理。商业保险机构按照协议要求承担相应的服务职能，如组织失能评估、与定点护理机构和个人签订管理协议、费用审核、结算支付、护理服务监管、相关人员培训等。代表城市主要有北京市石景山区、承德市、苏州市、荆门市、梅河口市、齐齐哈尔市、南通市、安庆市、上海市、宁波市等。其二，委托管理方式是指政府部门将长期护理保险经办业务完全委托商业保险机构办理，政府部门仅负责政策规划、制定、基金筹集、监督管理等。代表城市主要有烟台市、济南市、聊城市、上饶市、成都市、重庆市等。

3. 定点护理机构

定点护理机构是由各级卫生、民政和其他有关部门批准成立，并经评定符合长期护理保险定点条件、与长期护理保险经办机构签订长期照护服务协议的机构。从49个试点城市颁布的长期护理保险政策内容来看，定点护理机构是现阶段为保障对象提供长期照护服务的绝对主体。在49个城市中，所有长期照护服务实行协议管理的方式，定点护理机构可根据资源现状与实际需要，自愿申请提供长期照护服务的方式和内容，与长期护理保险经办机构协商一致后，双方签订服务协议，在协议中明确规定彼此的权利义务，并约定服务内容、服务标准、各项服务对应的价格与结算方式。在明确了定点护理机构身份和服务内容与方式后，定点护理机构将与保障对象或其家属协商一致并签订服务协议，服务协议一般按年度签订。定点护理机构受到长期护理保险经办机构和相关政府部门的监督，如果存在违规操作的情况，将取消其定点护理机构身份。在49个城市中，定点护理机构主要由定点医疗机构、各类养老服务机构、残疾人托养机构以及能够提供居家照护服务的其他服务机构组成。其中，定点医疗机构包括医院、护理院、社区卫生服务中心、乡镇卫生院等。定点护理机构中的专业长期照护服务人员是直接的服务提供者。从49个城市颁布的长期护理保险政策内容来看，除居家自主护理方式外，其他的长期照护服务形式均是由定点护理机构中的专业长期照护服务人员提供的。

4. 以家庭成员为主的非正式照护主体

一直以来，家庭是中国绝大多数失能老年人获得长期照护服务的最主要来源。与专业照护人员提供的正式照护相比，家庭成员提供的照护服务属于非正式照护的范畴，其区别主要体现在服务供给者、专业技能、服务时间、是否收费、服务内容、服务场所和照护服务发生的基础等方面，如表3－7所示。总体来看，非正式照护是失能老年人在自己熟悉的环境中接受的，由配偶、父母、子女、其他亲属、邻居和朋友等提供的不受时间限制，建立在承诺、责任和爱的基础上的一种非专业性的、包含情感支持和援助等广泛的照护服务内容的无偿性服务。传统上，非正式照护是私人领域的事务，其不受到公共事务管理的制约，但是这并不意味着获得非正式照护服务的保障对象就超出了政策保障的范畴。从49个城市颁布的长期护理保险政策内容来看，有20个城市将提供长期照护服务的亲属纳入了福利输送主体的范畴。例如，《成都市长期照护保险实施细则（试行）》规定，家属、亲戚、邻居和其他愿意提供照护服务的个人，只要具备照护能力，均可为失能老年人提供长期照护服务；《石景山区长期护理保险制度试点方案（试行）》提出了居家护理包括由失能老年人的亲属提供的护理服务；上饶市规定，居家自主护理是指参保失能人员由其家属或指定人员照顾护理，可享受小额护理补助；《荆门市长期护理保险办法（试行）》提出，保障对象的亲属经过定点护理服务机构培训后，可以纳入服务人员管理范围。

表3－7　非正式照护与正式照护的区别

类型	非正式照护	正式照护
服务供给者	配偶、父母、子女、其他亲属、邻居、朋友等	机构（包括组织和团体）中的专业服务人员
专业技能	没有经过专业的长期照护服务培训	经过培训，具有相关资质
服务时间	照护时间不受限制	照护时间是有限的，照护作为一种工作有上下班安排
是否收费	无偿提供	通常是有酬付费式服务
服务内容	广泛的长期照护，包括情感支持和援助	照护内容是根据签订的劳务协议和专业资质确定的
服务场所	家庭、社区	机构、家庭、社区
照护服务发生的基础	建立在承诺、责任和爱的基础上	建立在照护协议、有关照护责任的合约基础上

资料来源：王莉、王冬：《老人非正式照护与支持政策——中国情境下的反思与重构》，载于《人口与经济》2019年第5期。

3.3　保障维度：筹资模式现状

所有的长期照护，甚至是由家庭成员无偿提供的照护都是有代价的，人们不可避免地要为长期照护服务买单。长期护理保险政策的核心问题就是如何让这些支出由全社会进行合理的分担。稳定的资金来源是长期护理保险制度正常运行并可持续发展的保证（曹信邦，2018），由此成为决策者、规划者与管理者最为关注的问题。长期护理保险政策的筹资模式指的是一整套有效筹集长期护理资金的制度规则和政策方案。从49个城市颁布的长期护理保险政策内容来看，关于长期照护经费从哪里来的说明主要由筹资渠道、筹资形式与筹资标准、启动资金3个部分的政策内容构成。

3.3.1 筹资渠道

基于49个试点城市长期护理保险政策内容的分析，可以将长期护理保险筹资渠道分成单位和个人双主体筹资渠道、三个以上主体的多主体筹资渠道两种类型，如表3-8所示。双主体筹资渠道是指长期护理保险金的筹资责任主要来源于单位和个人，在试点阶段其资金分别来源于基本医疗保险统筹基金和个人账户，而个人和单位无须额外缴费。其具体形式主要有以下5种：一是参加统账结合型职工医疗保险的参保人，其长期护理保险基金来源于基本医疗保险统筹基金和个人账户二者的共同划转；没有个人账户的参保人，从基本医疗保险统筹基金中划转；其以通化市为代表。二是职工的长期护理保险基金来源于基本医疗保险统筹基金和个人账户的共同划转，退休人员的长期护理保险基金来源于基本医疗保险统筹基金累计结余和个人账户划转，单建统筹参保人员的长期护理保险基金来源于个人缴费和基本医疗保险基金。三是城镇职工的长期护理保险基金来源于基本医疗保险统筹基金和个人账户的共同划转，灵活就业人员在每年缴纳城镇职工医疗保险费时需一起缴纳，以承德市和北京市石景山区为代表。四是来源于基本医疗保险统筹基金和个人账户的共同划转，没有个人账户的需要个人缴费，其主要实践城市是齐齐哈尔市、枣庄市、开封市、湘潭市和南宁市。五是完全来源于医疗保险统筹基金，主要有上海市，其职工和居民的长期护理保险资金均来源于各自的医疗保险统筹基金。

表3-8　49个试点城市长期护理保险的筹资渠道

类型	试点城市	筹资渠道
双主体筹资	通化市	统账结合型职工医保：统筹基金+个人账户 单建统筹型职工医保：统筹基金 居民医保：统筹基金
	盘锦市	职工：基金医疗保险基金+个人账户 退休人员：基本医疗保险统筹基金累计结余+个人账户 单建统筹参保人员：个人缴费+基本医疗保险基金

续表

类型	试点城市	筹资渠道
双主体筹资	承德市、北京市石景山区	统账结合型职工医保：统筹基金＋个人账户 灵活就业：在每年缴纳城镇职工医疗保险费时一起缴纳
	齐齐哈尔市、枣庄市、开封市、湘潭市、南宁市	基本医疗保险统筹基金＋个人账户（无账户的个人缴费）
	上海市	基本医疗保险统筹基金
多主体筹资	宁波市、广州市	职工：职工基本医疗保险统筹基金＋个人账户 居民：个人缴费＋财政补助
	长春市、滨州市、黔西南布依族苗族自治州、乌鲁木齐市、重庆市	基本医疗保险统筹基金＋个人账户＋政府补助＋社会捐助
	青岛市、成都市	职工：医疗统筹基金划转＋个人账户＋财政补助 居民：个人缴费资金划转＋财政补助 建立长期护理保险调剂金（青岛）
	梅河口市	基本医疗保险结余基金＋财政补助
	呼和浩特市	职工：单位缴费＋个人缴费＋社会捐助＋财政补助 居民：个人缴费＋医疗保险基金＋财政补助
	南通市、安庆市、苏州市、德州市	基本医疗保险统筹基金＋个人缴费＋财政补助
	福州市	基金医疗保险基金＋个人账户＋社会捐助
	松原市	职工：基本医疗保险统筹基金＋个人账户 居民：基本医疗保险统筹基金＋个人缴费
	吉林市、珲春市	城镇职工：医疗保险划转＋个人账户 城乡居民：个人缴费＋财政补助 灵活就业：医保账户划转或个人缴费 （接受社会捐助）
	上饶市、晋城市、昆明市	个人账户＋基本医保统筹基金结余＋单位缴费＋财政补助＋彩票公益金
	烟台市、淄博市、临沂市、菏泽市、天津市、甘南藏族自治州	职工基本医疗保险统筹基金＋个人账户（没有个人账户：个人缴费）＋财政补助＋福彩公益金

续表

类型	试点城市	筹资渠道
多主体筹资	济南市、聊城市	职工基本医疗保险统筹基金＋单位补充医保资金＋个人账户＋财政补助＋福彩公益金 城乡居民：基本医疗保险基金＋财政补助＋福彩公益金＋个人账户＋社会团体和个人捐助
	荆门市、汉中市	个人账户（医保个人账户/养老账户）＋基本医疗保险统筹基金＋财政补助
	石河子市	基本医疗保险统筹基金结余划转＋个人缴费＋财政补助＋福彩公益金
	东营市	职工：基本医疗保险基金＋个人账户＋财政补助 居民：个人缴费＋财政补助
	潍坊市	居民：基本医疗保险统筹基金＋个人缴费＋财政补助 职工：基本医疗保险统筹基金＋个人账户＋福利公益金＋财政补助
	济宁市	居民：基本医疗保险基金＋个人账户＋福利公益金＋财政补助 职工：基本医疗保险基金＋个人缴费＋财政补助＋福彩公益金＋社会团体和个人捐助
	泰安市、威海市	基本医疗保险统筹基金＋个人缴费＋财政补助＋福彩公益金＋社会捐助
	日照市	居民：基本医疗保险统筹基金＋财政补助 职工：基本医疗保险统筹基金＋财政补助＋福利公益金＋个人账户

多主体筹资渠道是指长期护理保险资金的筹资责任不仅来源于单位和个人，还通过政府、企业与社会等多元主体共同筹集，强调多元化、社会化的筹资来源。多主体筹资渠道是目前多数城市会采取的资金筹集方式，大多是通过基本医疗保险统筹基金、个人账户划转、财政补助、社会捐助与福利公益金之间的不同组合实现了筹资渠道的多元化，具体分类如表3－8所示。在所有试点城市中，荆门市第一个提出：没有医保个人账户的退休人员，其个人缴费部分可以在经过本人同意后从其养老金账户中代扣代缴。需要特别说明的是，大多数试点城市都强调了未

来会逐步增加单位和个人的缴费责任，由此可以预见，随着长期护理保险政策的逐步发展，财政补助和福利彩票公益金的支持力度会逐步减弱直至取消。

3.3.2 筹资形式与筹资标准

目前，中国社会保险基金的筹资形式主要有比例筹资和定额筹资两种。其中，比例筹资是指以社会平均工资、居民可支配收入或人均纯收入等特定的收入标准为基数，按照规定的比例收取保险费用的筹资形式；而定额筹资则是规定参保人在一定周期内必须缴纳特定数额保险费的筹资形式（海龙和尹海燕，2020）。依据上述分类标准，49个试点城市长期护理保险基金的筹资形式可以分为3种形式：定额筹资形式、比例筹资形式和混合筹资形式。具体来看，其一，采取定额筹资形式的城市主要有梅河口市、重庆市、北京市石景山区、齐齐哈尔市、松原市、徐州市、上饶市、安庆市、广州市、烟台市、济南市、石河子市、菏泽市、南通市等。在这些城市中，每人每年的筹资标准在30～180元，其中安庆市每人每年30元的标准与石河子市每人每年180元的标准相差了5倍，并且一般情况下职工的筹资标准高于居民的筹资标准。其二，比例筹资形式的代表城市有承德市、成都市、上海市、苏州市、荆门市等。在这些城市中，缴费基数不尽相同。例如，承德市以上年度工资总额作为缴费基数，成都市和上海市以城镇职工基本医疗保险缴费基数作为标准，苏州市以全体常住居民人均可支配收入为基数，荆门市则按照全市上年度居民人均可支配收入为标准。由于缴费基数不同，各城市所设置的缴费比例存在差异。其三，混合筹资形式是既包括定额筹资形式又包括比例筹资形式，采取这种形式的城市主要有青岛市、聊城市、吉林市、通化市、长春市等。在这些城市中的混合筹资形式也可以分为3类，一是职工采用比例筹资形式，居民采用定额筹资形式，如吉林市、通化市和长春市；二是单位、个人缴费部分采用按比例的形式，福彩公益金和医保基金划转部分采用定额的形式，如聊城市；三是以青岛市为代表，政府补助部分是用定额补助的方式，其他资金来源实行按比例筹资的方式。

3.3.3 启动资金

作为一项新的险种，长期护理保险建立初期需要启动资金的支持。在49个试点城市颁布的长期护理保险政策中，松原市、成都市、青岛市、通化市、吉林市、长春市、珲春市、盘锦市、黔西南布依族苗族自治州、乌鲁木齐市、宁波市等试点城市都明确说明了启动资金的来源及数额。从政策内容来看，启动资金主要来源于基本医疗保险统筹基金历年结余基金、当年医保基金结余基金和福利公益金3个方面。具体来看，长春市、成都市、松原市、通化市、珲春市、盘锦市、宁波市等的启动资金来源于基本医疗保险统筹基金历年的结余基金，其中长春市、珲春市、松原市一次性划转10%，通化市划转5%，宁波市划转2000万元，成都市一次性划转5000万元。吉林市是从城镇职工和城镇居民当年医保基金结余中分别拿出20%补充到职工和居民的长护险基金中。青岛市的启动资金主要来自福利公益金。在2012年启动长期护理保险时，青岛市从福彩公益金中划拨了1亿元，除此之外每年都会从福利公益金中划转2000万元到城镇居民护理保险基金中。

第4章　长期护理保险试点政策的主要特征

4.1　参与维度的主要特征

4.1.1　社会分配基础：以诊断差异为主的资格审查

从社会分配基础的角度来看，现阶段试点城市长期护理保险政策是一种以诊断差异为主要资格审查方式的补缺型社会政策。诊断差异是一种福利申请者的资格审查方式，是将待遇给付条件设在福利申请者特殊需求的专业判断上，这种专业判断是福利接受者资格限定的基础。现阶段试点城市长期护理保险政策是通过审查已参保的福利申请者连续处于失能状态的时间长度、失能或失智程度、接受长期照护服务的场所以及缴纳医疗保险费用的时间长度等个人情况是否达到了长期护理保险政策待遇给付的最低标准的方式，来决定是否将福利申请者纳入保障范围以及给予何种程度和类型的福利待遇。以诊断差异作为社会分配基础是由长期护理保险项目自身的特点与福利申请者复杂而多样的个体特征所共同决定的。

从长期护理保险项目自身的特点来看，长期护理保险项目是一种以服务型福利资源分配为基础的社会保险项目，这与以经济保障为基础的传统社会保险项目存在明显不同，它需要有资质的专业人员对长期护理保险参保人的身体、精神状况进行专业诊断。在中国现有的社会保险项目中，养老保险和失业保险是以现金给付的方式提供保障，医疗保险、工伤保险和生育保险是以报销的形式提供支持。无论是现金给付还是报销形式，从支付端来看都是向符合待遇给付条件的参保者提供的经济保障。而长期护理保险项目的支付端既有现金给付也有服务给付，现金给付的目的也是帮助保障对象购买长期照护服务（郑秉文，2017）。从这个意义上来说，长期护理保险项目的支付端是对符合待遇给付条件的参保者提供服务福利。提供经济保障的社会保险项目的待遇给付要求是较为明确的，主要依据一些客观数据，如工作年限、缴费年限、所使用的药品等。例如，对于养老保险的保障对象来说，达到法定退休年龄并且累计缴纳养老保险 15 年以上，就可以享受养老保险待遇。即使对于较为复杂的医疗保险来说，医疗保险的任务是依照基本医疗保险药品目录、诊疗项目、医疗服务设施标准以及急诊、抢救的医疗费用，对参保者的医疗费用进行报销。只要是医疗保险参保人员，在其进行医疗费用支付时，医疗保险会自动进行待遇给付，而不需要额外的资格审查。然而，长期照护服务福利的给付与参保者身体、精神状况密切相关，对参保者身体、精神状况的判断是非专业人士无法完成的，需要具有相关资质的专业评估者进行审核。因此，长期护理保险参保者待遇给付资格的确定需要基于专业人士对参保者身体、精神状况的专业诊断来确定。

从福利申请者复杂而多样的个体特征来看，一方面，不同失能老年人之间的失能、失智程度是不同的；另一方面，对于同一位失能老年人而言，随着年龄的增长，其失能、失智程度也会发生变化。不同的失能、失智程度对应不同的长期照护服务，因此在进行资格审核时需要在专业诊断的基础上进行差异性评估，进而给予保障对象适宜的福利待遇。从 49 个城市颁布的长期护理保险政策内容来看，差异性评估是借助于失能认定评估工具的使用来完成的。目前中国大部分试点城市使用的失能认定评估工具主要是 ADL（Barthel 指数）、简易智力状态检查量表（Mini-mental State Examination，MMSE）等单一指标，这些单一指标通常已开发多年，在世界各国广泛应用，其信度效度都得到了充分的检验（陈诚诚，2017）。

4.1.2 社会政策类型：补缺型社会政策

从前面对 49 个试点城市长期护理保险政策社会分配基础的分析

来看，现阶段长期护理保险政策可以归类于补缺型社会政策，其政策特征主要表现为特定的参保范围和严格的待遇给付标准。首先，从特定的参保范围来看，目前49个城市都将职工医疗保险的参保者纳入了长期护理保险的覆盖范围，部分城市覆盖了城镇居民医疗保险的参保者，而少部分城市将参保范围扩展至了农村医疗保险的参保者。由此可以看出，长期护理保险的覆盖范围具有明显的选择性福利模式倾向，即依据“身份特征”进行福利分配：职工优先、城镇居民次之、农村居民最后。其次，从待遇给付标准来看，目前试点城市将待遇给付标准设定得较高，导致大部分城市仅将长期重度失能老年人纳入了保障范围，体现了“特殊社会关照”的原则，即长期护理保险首先关照那些最急迫需要长期照护的群体。综合上述分析可以看出，目前49个城市中的长期重度失能的职工医疗保险参保者是最主要的待遇给付群体。

现阶段长期护理保险政策的补缺型特征主要受到各城市长期照护资源现状的影响。鉴于长期照护资源的普遍缺乏以及城市之间的差异，人力资源和社会保障部明确提出：一方面，要优先解决长期重度失能的职工基本医疗保险参保人的长期照护需求；另一方面，各城市根据各地资金筹集和保障需要之间的平衡关系以及经济发展状况来决定参保和保障范围，并逐步扩大范围。在长期护理保险政策颁布初期，补缺型社会政策特征的最大优点是能够集中使用现有的长期照护资源，从而提高长期护理保险政策的行动效率，避免或降低长期照护资源的无效使用。

4.2 健康维度的主要特征

4.2.1 社会供给类型：以服务福利为主的补救型风险应对策略

1. 社会供给类型：以服务福利为主、现金福利为补充

总体来看，现阶段49个试点城市都为保障对象提供长期照护服务，个别城市也提供现金支持。因此，目前试点城市长期护理保险政策的社会供给类型是以服务福利为主、现金福利为补充。这标志着中国社会保险制度正在经历由经济保障为主向服务供给与经济支持并重的方向过渡。中国现有的养老保险、失业保险、工伤保险以及医疗保险（包括生育保险）的支付端主要是现金或报销，其制度运行的关键在于处理好融资端与现金给付的关系，以确保基金收支平衡。然而，长期护理保险的支付端是以服务为主、现金为补充的，其中现金的作用也是为了支持亲属所提供的长期照护服务。这表明长期护理保险制度运行的关键除了确保基金收支平衡外，还要注重成熟的服务市场和充分的护理人才供给。以服务福利为主、现金福利为补充的社会供给类型是由保障对象的需求以及现阶段专业照护资源的有限性所共同决定的。

第一，从保障对象的需求角度来看，以服务福利为主的社会供给类型符合失能老年人的基本需求。失能老年人是生活不能完全自理的群体，他们的基本需求是较为明确的，即需要以生活照料和医疗护理为基本服务内容的长期照护服务。相比较现金给付，服务福利的供给更为直接。从 49 个城市颁布的长期护理保险政策内容来看，所有城市的长期护理保险服务项目都包含生活照护和医疗照护两个基础项目，服务供给形式以机构照护为主。这表明，目前试点城市的长期护理保险政策主要是通过在机构内提供的生活照护和医疗护理服务供给的方式满足保障对象的基本需求。

第二，从现阶段专业照护资源的有限性角度来看，由于现阶段专业照护资源极为有限，为所有保障对象提供专业的机构照护或通过上门的方式提供居家专业照护并不现实。在这种背景下，长期护理保险政策可以通过现金福利的供给来鼓励失能老年人的亲属为保障对象提供非专业的居家自主照护，以弥补因专业照护资源缺乏所造成的服务供给不足的缺陷。

2. 风险管理类型：以事后补救为主的消极应对策略

社会供给通常直接反映政策目标，这个政策目标并非政策制定的最终目的，而是指运用一定的方式以达到某种结果的过程，即政策制定者通过社会供给来实现其预设的福利效果（吉尔伯特和特雷尔，2013）。社会保险是以社会风险、自然风险和经济风险的存在为前提的，其基本任务就是探讨如何识别、转移、分散进而消除年老、伤残、失业、疾病、失能等风险所造成的收入不稳定、生活无保障的困难（邓大松，2015）。从风险视角来看，社会保险制度的本质是一种社会风险的应对机制，通过该制度来确保社会成员在面临个人和社会风险时的基本生活水平，或保证其生活水平不明显下降（张奇林和张兴文，2011）。从这个意义上来说，社会保险政策所选择的社会供给类型就是为了应对社会风险所采取的具体策略。霍尔兹曼和乔根森（Holzmann & Jorgensen，2001）提出了处理风险的三种策略：预防、缓解和应对。预防的目的是减少负面风险的可能性，缓解是为了降低未来负面风险的影响，应对则是一旦风险出现立即缓和风险后果。其中，预防和缓解策略是针对风险发生之前的预防性措施，而应对策略则是针对风险发生之后的补救措施。事前预防措施又被称为积极的风险管理，事后预防措施又被称为消极的风险管理。

通过对49个城市长期护理保险政策社会供给类型的分析可以发现，现阶段长期护理保险政策的风险管理类型是采用以事后补救为主的消极策略，具体表现为以失能风险的应对性策略为主导的服务供给项目和服务供给形式。第一，从服务供给项目来看，目前49个城市提供的服务供给项目可以分为生活照护、医疗照护、预防性照护、康复照护和心理疏导五种。在这五种服务项目中，预防性照护是一种以预防为主的风险管理策略，其目的是减少失能风险所带来损失的可能性；康复照护和心理疏导属于以缓解为主的风险管理策略，其目的是减缓失能程度进一步加剧而导致的负面风险；而生活照护和医疗照护是最基础的长期照护服务，属于应对性风险管理策略，其目的是针对具体的失能状况提供相应的照护服务以缓和失能风险后果。在49个城市中，所有城市都开展了应对性策略，有25个城市开展了以缓解为主的风险管理策略，仅有13个城市提供预防性的照护服务。由此可以看出，现阶段试点城市的服务项目具有明显的补救型风险、应对性策略的特征。三种风险应对策略的次序是应对性策略优先、缓解性策略次之、预防性策略最后。第二，从服务供给形式来看，目前49个城市将机构照护作为最主要的服务供给形式，而在机构内接受长期照护服务的保障对象大多是重度失能者。对重度失能者的长期照护更多关注其现阶段的身体和心理状况，重点不在于预防和缓解，而是最大程度地解决保障对象的现有问题，这体现了试点城市政策制定者的应对性风险管理理念。

4.2.2 福利输送系统：多主体参与的国家主导型福利输送架构

从福利输送系统的组织结构来看，政府、市场、社会组织和家庭共同参与福利输送是现阶段试点城市长期护理保险政策的组织结构特征。在 49 个城市的福利输送系统中，多元主体的具体形式分别是政府部门、商业保险机构、定点护理机构和以家庭为主的非正式照护主体。多元供给主体共同输送长期照护服务打破了传统上以家庭为单一供给主体的局面，这标志着失能风险的治理主体正在由家庭过渡到由国家、市场、社会等组成的公共体系。在传统的家庭照护难以为继的现实下，谁来为失能老年人提供长期照护服务一直是摆在中国政府面前亟待解决的社会问题。在公共服务供给领域，随着新公共服务理论在全球范围内的广泛传播，中国的社会服务供给也受到其理念的影响。在此影响下，国家开始重新审视政府、市场、社会组织和家庭在福利服务输送中应承担的责任。现阶段，大部分城市的长期护理保险政策的福利输送体系已形成了以政府部门为决策层、以长期护理保险经办机构为执行层、以定点护理机构和家庭为长期照护服务福利输送层的国家主导型福利输送架构。该架构是以政府为主导，市场、社会组织和家庭共同参与的福利混合经济形态。

1. 决策层：以地方医保部门为主导的政府部门

通过前面的福利输送现状分析可以发现，长期护理保险政策的运行需要多个政府部门相互配合。一般情况下，各城市的医保局负责长期护理保险统一管理的工作。从 49 个城市的长期护理保险政策实践来看，现阶段政府部门的角色定位可以归纳为以下三点：一是长期护理保险政策的规划者与制定者；二是长期护理保险资金的拨付者与管理者；三是长期照护服务的购买者与监督者。

长期以来，失能老年人的照护问题被视为以家庭为主体的私人事务，政府除了对特殊困难的失能老年人给予相应的救助外，并未将有非正式照护或购买护理服务的失能老年人纳入专项保障的范畴，导致覆盖非特殊困难的失能老年人的老年长期照护政策的缺失。然而在家庭照护功能弱化、个人难以承受购买护理服务的费用、社会保障制度不能满足长期照护需求以及市场缺乏提供服务的动力时，如何解决失能老年人长期照护的难题就成为摆在中国政府面前亟待解决的社会问题。在社会政策领域，政府作为公共权威组织的代表，通过提供公共物品或准公共物品的形式筹集和分配资源，发挥其资源动员能力和组织能力以维系社会稳定、实现公平正义、维护公民权利是政府的基本职责。因此，长期护理保险政策的社会政策属性决定了政府在其供给体系中无可置疑的主导地位以及所应承担的重要责任。

2. 执行层：以商业保险机构为主的长期护理保险经办机构

福利输送系统执行层的职责是经办长期护理保险政策业务。从试点城市长期护理保险政策实践来看，大部分地方政府通过政府购买服务或委托代理的方式将部分或全部经办业务委托商业保险机构承办。从49个城市长期护理保险政策实践来看，现阶段商业保险机构的角色定位可以归纳为以下两点：一是通过政府购买服务的方式所形成的政府部门的代理人角色，按照政府部门的相关要求提供长期护理保险政策福利输送的相关服务，如组织失能评估、与定点护理机构和个人签订管理协议、费用审核、结算支付、护理服务监督等长期照护服务经办业务；二是通过委托管理的方式所形成的委托管理者角色，其职责是负责全经办业务，主要包括失能评定、服务管理、资金结算、风险管控等。

尽管政府是长期护理保险政策的重要主体，但并不意味着它是唯一的供给主体。新公共管理理论认为，政府应集中精力“掌好舵”（做好决策工作），而非“划好桨”（做好具体的服务性工作），要善于授权，鼓励公共参与管理，通过引入竞争机制，以提供优质服务（珍妮特和罗伯特，2004）。商业保险机构作为市场主体，是协助政府高效率经办长期护理保险业务的重要福利输送主体。一方面，商业保险机构的优势主要体现在：一是具有较强的专业能力，主要包括精算技术、保险基金运营管理经验、较为完备的客户服务体系；二是具有较高的资源配置效率，主要包括灵活的人才配备机制，专业的人才队伍建设、管理及培训，较低的实施成本，长期护理保险信息平台建设等（郑秉文，2017）。另一方面，商业保险机构经办长期护理保险具有一定的必要性。与其他社会保险项目相比，长期护理保险由于具有兼顾服务供给与现金给付、差异化的服务需求、多元的利益主体、实施管理流程较为复杂等特征，需要经验丰富且专业的机构开展经办业务。

3. 输送层：以定点护理机构为主、非正式照护主体为补充

（1）定点护理机构是现阶段长期照护服务供给的绝对主体。

福利输送系统的输送层是指具体实施长期照护服务供给职能的组织。从49个城市颁布的长期护理保险政策来看，大部分服务输送是由定点护理机构来实现的，即定点护理机构是现阶段长期照护服务供给的绝对主体。定点护理机构作为社会主体目前已经基本形成了分级护理的输送格局。在49个城市的定点护理机构中，其组织类型主要有三类：一是已取得《医疗机构执业许可证》的医疗机构，主要指承担老年护理服务的基层医疗卫生机构，如社区卫生服务中心、护理院等；二是已取得《养老机构设立许可证》（已于2019年1月取消）的机构；三是业务范围包括养老服务的，并已取得《民办非企业单位登记证书》的机构，以及经民政部门认定可以从事社区养老服务的依法登记注册的机构。定点护理机构的管理机制是协议管理，其核心理念是通过建立起经办机构、服务机构与保障对象三者之间的契约精神和公民意识，对定点护理机构提供的服务进行规范和监管。协议管理的优势主要体现在以下三点：一是长期护理保险经办机构可以将规范和监督的内容具体化，提高了监管效率；二是定点护理机构只需严格按照服务协议的规定提供服务，可避免政府单向控制，有效降低政府滥用行政权力和腐败的机会；三是保障对象通过服务协议，可以明晰自己所能获得的照护服务内容，实现了照护者与被照护者之间的信息对称，这有利于避免保障对象与照护服务机构（照护人员）之间的矛盾。

（2）非正式照护者是长期照护服务供给者的重要补充。

在定点护理机构提供的正式照护服务较为缺乏的城市，以失能老年人亲属为主要照护服务提供者的非正式照护主体成为重要补充力量。尽管在49个城市中仅有大约40%的城市为非正式照护提供了政策支持，但这已表明中国将非正式照护主体纳入福利输送体系正在成为现实。将非正式照护主体纳入社会化长期照护服务福利输送体系对于正视非正式照护、肯定女性照护者的贡献以及促进非正式照护的发展具有重要意义。

首先，有研究表明，与其他照护方式相比，由家人照护的失能老年人往往具有更好的健康产出（黄枫和傅伟，2017）。发达国家也有研究发现，非正式照护对于正式照护具有显著的替代作用（Forder，2009），

并且可以减少公共长期护理支出（Yoo et al.，2004）。将非正式照护纳入社会化长期照护体系有助于正视非正式照护的积极作用。

其次，从性别视角来看，实施照护服务的非正式照护者大多是女性，如女性配偶、女儿以及儿媳（马焱，2013）。长期以来，中国将家庭照护视为家庭内部的问题，并且认为家庭照护行为不产生成本，导致以女性为主要服务供给主体的家庭照护未进入政策视野。然而，家庭照护其实并非家庭内部的事情，人口老龄化、高龄化的快速发展导致照护需求激增，工业化与城镇化的发展进程导致家庭结构小型化，计划生育政策、独生子女方案导致子女数量锐减等社会现实，这些势必会引致家庭成员对老年人的照护与自身职业发展之间的紧张关系，导致家庭照护问题不再是家庭内部问题，而成为社会问题。对于女性而言，一是小部分女性照护者因照顾家中失能人员而无法进入劳动力市场，导致女性照护者没有经济收入；二是大部分女性照护者面临着难以平衡老年照护与其职业发展之间矛盾的境况。对非正式照护主体的支持一方面是对女性个体提供的照护服务的认可与尊重，另一方面则是将传统上女性所付出的家务服务视作因解决社会问题而付出的劳动，这对推动非正式照护的发展具有重要的社会意义。

最后，对非正式照护者给予政策支持，有利于鼓励和促进更多的亲属、邻居、朋友加入非正式照护主体的行列，进而促进非正式照护的发展。中国的非正式照护服务供给者大多是由家庭成员组成的，一方面是深受“以孝为先”“尊老敬老”的传统文化影响，晚辈对长辈提供的长期照护服务和经济支持被视为晚辈（主要是子女）应尽的义务；另一方面是法律层面的规制，如《中华人民共和国老年人权益保障法》第二章第十四条明确规定，对老年人的经济供养、生活照料和精神慰藉是赡养人[①]应当履行的义务，除此之外，赡养人还要照顾老年人的特殊需要。然而，随着人均预期寿命的延长，家庭少子化的发展，家庭成员（主要是子女）照顾家中失能老年人的压力逐步增大，导致照护过程中的身心疲惫、焦虑、压力等情绪往往难以排解，进而加剧了照护双方的矛盾冲突，甚至导致了提供照护服务的家庭成员遗弃失能老年人或离家出走。“久病床前无孝子”描述了这一社会现象。失能老年人在家中获

① 赡养人是指老年人的子女以及其他依法负有赡养义务的人。

得子女或其他赡养人的照护是应该受到法律保护和社会监督的，但是家庭成员所付出的照护劳动也应得到肯定与支持。尽管现阶段部分试点城市对于家庭照护者的现金支持更多是基于对正式照护服务供给不足的补充，但是这对于非正式照护支持政策的进一步发展奠定了重要基础。非正式照护政策的发展一方面是对非正式照护者的照护劳动与价值的肯定；另一方面则有利于扩大非正式照护者队伍，鼓励邻居、其他亲属加入非正式照护者队伍，既可以协助失能老年人的家庭照护者共同照护失能老年人、分担压力、缓解焦虑，还有助于进一步加强“敬老爱老”的社会氛围，构建“老年友好型”社会。

4.3 保障维度的主要特征

4.3.1 筹资渠道：主要来源于医疗保险基金

通过以上关于49个城市长期护理保险筹资现状的分析，可以将目前试点城市长期护理保险金的筹资渠道归纳为医疗保险基金、个人缴费和政府补助三方面。其中，医疗保险基金是所有城市长期护理保险资金的最主要来源。由此，我们可以将长期护理保险视为医疗保险的附属险种，它是依托于医疗保险而建立的。长期护理保险依托于医疗保险基金具有一定的合理性。划转部分医疗保险结余基金有助于缓解因医疗保险基金大量结余而带来的安全管理与保值增值难题。国家医疗保障局于2020年3月底发布的《2019年医疗保障事业发展统计快报》显示，截至2019年底基本医疗保险基金累计结存26912.11亿元，相当于2019年、2018年、2017年三年平均基本医疗保险基金总支出的1.56倍①，即现存的医疗保险结余基金可支付18.6个月的全国医疗保险金。按照人社部于2009年提出的“超过15个月平均支付水平的为结余过多”的

① 2019年、2018年、2017年三年医疗保险总支出分别为19945.73亿元、17607.65亿元、14422亿元。数据分别来自《2019年医疗保障事业发展统计快报》《2018年医疗保障事业发展统计快报》《2017年度人力资源和社会保障事业发展统计公报》。

标准①，目前全国医疗保险基金累计结余处于过多水平。由于目前我国的医疗保险基金安全管理体系还不完善，导致医疗保险基金不能有效监管，造成了骗保行为、“医患共谋”以及挪用医疗保险基金的现象屡禁不止。除此之外，由于我国资本市场发展滞后，医疗保险基金保值增值存在着较大风险。将部分医疗保险基金划转至长期护理保险，一方面可以缓解医保基金过度结余导致的监管和投资问题，另一方面也有助于长期护理保险制度在短时间内建立，以缓解失能老年人的长期照护难题。

4.3.2　财务模式：现收现付制

长期护理保险的财务模式是指保险资金筹集与支出的运行机制（李月娥和明庭兴，2020）。现阶段试点城市按照以收定支、收支平衡、略有结余的原则进行资金筹集和使用。这表明，长期护理保险的财务模式是现收现付制，即由有收入的在职劳动人口承担保障对象的长期照护费用，而现在在职的劳动人口在未来年老失能时也由下一代在职劳动人口承担其长期照护的费用，不需要提前积累资金以预防未来长期照护服务所需的费用。现收现付制也是目前建立长期护理社会保险制度的国家选用的财务模式。其制度优势主要体现在以下三方面。其一，现收现付制本质上是一种个人与国家之间的契约（李文华，2007），它是一种以国家信用作为担保的筹资制度。在制度运行中发生风险、资金入不敷出时，政府财政会给予相应的支持，因此具有一定的政治优势（曹信邦，2016）。其二，现收现付制具有代际再分配和代内再分配的功能（封进，2019），一方面有利于缩小失能老年人之间的待遇差距；另一方面一旦建立长期护理保险制度，符合待遇给付条件的保障对象即可获得相应福利待遇。制度的启动周期短，失能老年人能够在短时间内获得保障权益。其三，由于不需要基金累积，因此基金管理的成本和投资运营、保值增值的风险较低。

---

①　目前国家没有制定医疗保险基金总结余的标准，本书暂且按照人社部于 2009 年颁布的《关于进一步加强基本医疗保险基金管理的指导意见》中提出的“统筹地区城镇职工基本医疗保险统筹基金累计结余原则上应控制在 6 ~ 9 个月平均支付水平。城镇职工基本医疗保险统筹基金累计结余超过 15 个月平均支付水平的，为结余过多状态，累计结余低于 3 个月平均支付水平的，为结余不足状态”作为结余标准。

第5章　试点城市长期护理保险政策存在的主要问题

5.1　参与维度存在的主要问题

从49个试点城市颁布的长期护理保险政策的社会分配基础现状及其特征来看，目前长期护理保险政策整体上是一种补缺型社会政策，在覆盖范围、保障范围、分配标准与分配程序方面都存在明显的不足。

5.1.1　参保范围与保障范围存在的主要问题

1. 大部分城市未将城乡居民纳入覆盖范围，限制了城乡居民共享社会发展成果的基本权利

长期护理保险政策作为一种全社会分担失能风险的社会政策，其本质上应该是适度普惠的，即长期护理保险政策的福利水平应在满足困难的、需要救助的失能老年人的长期照护服务需要的基础上，将政策对象范围扩展至所有失能老年人，满足所有失能老年人的基本需要。尽管适度普惠型社会政策与福利国家所提倡的普惠型社会政策有较大的差异，但适度普惠型社会政策的本质仍是普惠的，即普遍惠及、全民共享（刘敏，2015）。中国福利制度中的“普惠”更多的是分享平等的福利权、均等化的基本公共服务与经济社会发展的成果，而并非追求福利结果的平等（刘敏，2015）。由此可见，中国社会政策的普惠性意味着共享社会经济发展成果是全体公民的基本权利。长期护理保险政策的普惠性体现在其参保范围覆盖全民。然而，在49个城市中，仅有21个试点城市的长期护理保险政策实现了城镇职工和城乡居民的全覆盖，不及所有试点城市数量的一半。在其余的 28 个城市中，3 个城市覆盖了城镇职工和城镇居民，25 个城市仅覆盖城镇职工。由此可见，大部分城乡居民特别是农村居民被制度性排斥在长期护理保险政策之外。然而，无论是职工、城镇居民还是农村居民，都是中国的公民，都具有平等享有长期照护资源的权利。长期护理保险政策将城乡居民排斥在政策之外限制了城乡居民获得长期照护资源的机会，以及作为公民的基本福利权。

2. 大部分城市的待遇给付范围将重度失智老年人排斥在福利申请者之外，导致“最不能自助者”还未完全纳入制度保障范围

长期护理保险政策作为一种适度普惠型社会政策，与西方福利国家倡导的普惠型社会政策的核心区别在其“适度性”。“弱者优先”是适度性的重要体现。景天魁（2009）认为，同样的资金投入，用在弱者身上比用在强者身上会产生更大的社会效益。彭华民（2011）从福利需求层次的角度解释了“弱者优先”的原则，认为弱势群体对福利需求的紧迫性更强，适度普惠型社会政策的设计应当依据分需要、分目标、分人群、分阶段的原则，先从弱者普惠开始。由于在长期护理保险政策建立初期，各方面资源都较为贫乏，保障范围覆盖所有失能程度的老年人并不现实，因此需要运用“弱者优先”原则，首先保障最需要照护群体的基本照护需求。

在失能老年人群体中，重度失能和重度失智老年群体是最为弱势的群体，他们亟须长期照护服务支持，否则将危及生命安全。然而，现有的长期护理保险政策是以失能老年人保障为主的，将失智老年人的保障放在了次要位置。具体体现在两个方面：其一，从提供失智老年人保障的城市数量来看，在 49 个城市中，所有城市都将重度失能老年人纳入了保障范围，而只有不足 1/4 的城市为重度失智老年人提供相应的待遇给付；其二，从为重度失智老年人提供待遇给付的条件来看，对失智申请人的评估也要涉及失能程度的审核，即福利申请人在满足一定失智程度并且同时达到了一定的失能程度，才可以给付相应的福利待遇。由此可见，现有的保障对象审核标准是以失能程度为优先考量的。然而，与重度失能老年人相比，重度失智老年人对长期照护保障的需求更为迫切。一方面，失智老年人一般同时伴有认知功能缺损和自理能力缺陷，相比较自理能力缺陷的失能老年人，失智老年人需要的长期照护服务更加复杂和专业。失智老年人大部分患有阿尔兹海默病，这是一种不可逆的、渐进的精神系统退行性疾病，病症主要包括记忆障碍、语言退化、视觉空间机能损伤（León et al.，2013）。另一方面，约1/5的失智老年人需要全天候照护（吴际和赵碧华，2017），在家庭少子化、女性劳动参与率提高的背景下，传统的家庭照护是难以胜任的，亟须社会化长期照护保障。

5.1.2 分配标准存在的主要问题

1. 大部分城市使用的失能认定评估工具结构简单，评估指标体系建设滞后，国家统一的失能认定评估工具权威性有待验证

诊断差异是长期护理保险政策社会分配的基础，它是决定谁能受益的具体规则。失能认定评估工具就是将规则转化为具有可操作性的诊断工具，它是由数个或数十个评估指标所构成的指标体系。专业评估者借助于失能认定评估工具对福利申请人进行资格审查。由此可见，失能认定评估工具可以被视为判定福利申请者能否享受福利待遇的标尺，它的完善程度将直接决定待遇给付群体的范围（孙敬华，2019）。从失能认定评估工具角度来看，目前中国大多数试点城市普遍存在以下三个方面的问题。

其一，失能认定评估工具结构简单，难以全面反映失能老年人的失能状态。目前大部分试点城市采用《日常生活活动能力评定量表》（也称“Barthel”指数评定量表），尽管这一量表因其操作简单而在世界范围内得到了广泛的应用与认可，但也存在着较多缺点。一是该量表的评估内容只包含老年人在日常活动能力方面的指标，而缺少智力认知、社会交往、沟通能力等其他维度的内容，这严重影响了评估结果的全面性，无法全面反映老年人的失能状态；二是该量表给定的每一等级是5分，等级划分较为粗略，对于待遇给付对象失能状态的变化不够敏感，难以区分相近程度下失能老年人之间的差异，进而影响长期照护服务供给的精准度。

其二，大部分试点城市评估指标体系建设滞后，评估工具的开发能力较差。在49个城市中，仅有个别城市如青岛市、上海市、成都市在借鉴世界先进评估工具的基础上，结合当地的实际情况，进行评估工具开发，构建了具有本土化意义的评估指标体系。而绝大多数城市是选用现有的评估工具，缺乏对评估工具的本土化开发。特别是在失智评估工具领域，不仅开发能力弱，甚至借鉴国外已有失智工具进行失智评定的试点城市都很少。这表明，评估指标体系的建设与工具开发工作还未引起相关部门的重视。

其三，尽管我国在2021年7月出台了《长期护理失能等级评估标准（试行）》，但目前实际应用的试点城市还不多。自《长期护理失能等级评估标准（试行）》颁布以来，陆续有试点城市开始应用此项标准，但其是否具有推广性还需要进一步的研究与判定。对申请者进行失能认定是长期护理保险政策实现待遇给付、发挥其福利功能的首要环节。因此，是否具有权威性和统一性的失能认定评估工具将很大程度影响长期护理保险政策能否在全国层面推广。目前，由于各试点城市失能评估工具不统一，缺乏具有权威认证的评估工具的广泛推广，这极大地限制了国家层面长期护理保险政策的进程。

2. 失能认定评估的等级设定较为粗略，参保者享有的待遇给付标准存在城市差异，导致不同城市间的不公平

如果将失能认定评估工具视为判定福利申请者能否享受福利待遇的标尺，那么失能认定评估等级就是标尺中的刻度，其刻度设定的疏密程度将直接决定着失能认定结果的精确度。从49个城市颁布的长期护理保险政策来看，失能认定评估等级的设定主要存在以下两个方面的问题。

其一，失能认定评估等级较为粗略，等级判定存在较强的主观性，导致申请者失能的规范性定义和操作性的失能评估之间存在差异。由于失能认定是申请者与评估者之间的互动过程，评定结果一方面取决于申请者的自身状况，另一方面取决于评估者对申请者身体、精神状况的理解，然而评估者完全理解申请者的身体、精神状况是不现实的，因此完全精确的评定结果并不存在。但是失能认定评估等级设置得越精细，评估者的主观性影响将会越低，促使失能认定的过程更加客观。现阶段大部分试点城市一般将失能评估等级分为完全自理、轻度依赖、中度依赖和重度依赖，在每一种失能程度中再没有更为细致的划分，甚至还有个别试点城市仅区分了失能与半失能状况，这必然会导致不同等级间的界限不分明，为主观判断预留了较大的空间，导致老年人的失能评定结果更多取决于评估者的专业性，这显然是缺乏科学性和稳定性的。

其二，试点城市的等级划分标准较为混乱，进而产生了区域间的不平等。从49个城市公布的评估等级标准来看，运用同一种失能评估工具的试点城市，其所设定的保障范围各不相同。例如，荆门市将分数低于40分（不含40分）的定为重度失能，而广州市将不高于40分（含40分）的定为重度失能，这意味着同是评定结果为40分的福利申请人，在广州市可以获得相应的待遇给付，而在荆州市就无法被纳入保障范围。这将导致申请人因其所属地域之间的差异而导致福利分配的差异，造成城市之间的福利分配不平等现象。不同试点城市亟待统一到国家层面统一的评估标准中，以消除认定环节的区域差异。

3. 失能认定过程缺少对保障对象的需求评估，剥夺了保障对象自主表达需求的权利

失能认定主要有两方面的作用：一是确定参保人具有获得福利给付的资格，由参保人转变为保障对象；二是明确保障对象的失能程度，为下一步进行福利分配提供依据。在具体实践中，保障对象获得的福利待遇水平往往是由失能认定结果决定的。然而，通过前面的分析我们可以看出，试点城市的失能认定评估工具较为简单，失能认定评估等级较为粗略，难以客观反映保障对象的综合情况，据此结果分配的长期照护服务必然是粗略的，无法满足保障对象的需求。导致这一问题的重要原因在于缺乏需求评估，保障对象无法通过科学的方式表达需求。在发达国家的实践中，需求评估与失能认定是同时进行的，因为失能认定的目的就是为长期照护服务供给者更好地进行照护服务提供依据。需求评估之所以要在失能认定阶段完成，而不是在获得待遇给付资格后的服务供给过程中进行，其重要原因在于失能评定机构的独立性。失能认定机构一般没有获取利益的动机，其结果会更加公正与客观。而在服务供给过程中的需求评估往往会受到服务供给主体的影响，缺乏公正。

在需求评估时需要运用需求评估工具，它是将保障对象所需要帮助的服务及其程度做出客观评估的工具，有助于找到长期照护服务供给内容与保障对象身体、精神状态之间的最佳供求匹配（江海霞等，2018）。在49个试点城市中，仅有个别城市，如广州市、上海市等城市开展了需求评估工作，而大部分试点城市则是将对保障对象进行资格审查时的失能认定评估结果直接作为对其进行服务供给的依据。这种仅依据保障对象身体状况而没有加入保障对象自身需求的评估内容，一方面剥夺了保障对象自主表达需求的权利，另一方面也会直接导致服务供给的精准度较低，造成服务供给内容与实际需求不匹配的情况。

5.1.3　分配程序存在的主要问题

分配程序存在的问题主要体现在评估主体层面缺少独立、专业的失能等级评定机构。在 49 个城市中，有 35 个城市是单主体评估类型，即评估主体是由一个机构构成的，依据评估主体的性质，可以将评估主体分为由政府主导的评估机构和以商业保险机构为主的第三方机构。其余 14 个试点城市是在上述单主体的基础上增加了定点护理机构和专家，从而形成了多主体评估类型。评估主体主要存在以下两个方面的问题：其一，由政府主导的评估机构、以商业保险机构为主的第三方机构和定点护理机构都不是独立且专业的评估机构，各自都兼具多种职能，并且失能认定结果与其利益密切相关，这将难以保证评定结果的公正性；其二，大多数试点城市颁布的长护险政策内容中没有对评估者的专业要求做出具体说明。个别试点城市规定了评估者的数量，但没有对评估者需要拥有的资质、专业程度、评估经验等方面进行说明。在失能认定评估工具结构较为简单、指标体系不够全面的情况下，失能评估过程就为失能评估者的主观判断留有了更多的空间，导致失能评定结果很大程度上受到失能认定评估者的影响。评估者的专业程度高低将直接影响评估结果能否较为真实地反映福利申请者的实际情况。大多数情况下，评估量表中的指标是用较为专业的护理语言表达的，如何将其转化为失能老年人可以理解的语言是影响评估结果的关键。对于具有专业资质并且经验较为丰富的评估者，通过专业培训和长期的经验积累，能够较为自如地与失能老年人及其家人进行沟通，进而更加准确地捕捉相关信息，评估结果更加可靠。而对于资质较浅，甚至没有医护专业背景的评估者实施的评估，其结果难以保证科学性和可靠性。

5.2 健康维度存在的主要问题

5.2.1 社会供给内容存在的主要问题

从49个城市颁布的长期护理保险政策的社会供给内容现状及其特征来看，目前长期护理保险政策整体上是一种消极的社会政策，在社会供给内容方面主要存在以下两方面的不足。

一方面，大部分城市长期护理保险政策的社会供给内容以应对性策略为主，缺乏预防性策略。生命周期视角作为积极老龄化的理论前提，强调生活环境和制度性因素对个人生命历程的影响。长期护理保险政策需要关注从失能风险防范到失能风险应对的全过程，以降低失能风险的发生率、缓解失能老年人的失能现状。然而，现阶段大部分城市颁布的长期护理保险政策仅关注于失能风险发生期的老年人，其具体策略是通过基本生活照料和医疗护理服务的供给，来应对老年人的失能现状，而缺少相应的风险防范措施。这种以事后补救策略为主的风险应对措施是基于消极的社会政策理念，即被动地接受老年人发生失能状况的现实，并对该群体提供照护服务。消极的社会政策理念本质上是一种风险的重新分配，其目标是维持现状，使保障对象不至于因遭遇风险而陷入更加糟糕的境地（彭华民和宋祥秀，2006）。对于失能老年人个人而言，这种方式可以缓解因失能所带来的问题，但是从整个社会的角度来看，这种消极的应对策略并没有解决本质问题。其一，事后补救型应对措施不能通过降低失能率的方式改变失能老年人口随着人口老龄化的快速发展而迅速攀升的趋势。其二，随着失能老年人口数量的逐渐攀升，长期照护需求也会随之增加。为了回应需求，事后补救型应对措施只有持续不断地投入才能减少失能风险带来的损失，但这必然会加重服务供给、资金来源、基础设施等方面的负担，进而影响长期护理保险政策的可持续发展。

另一方面，大部分城市长期护理保险政策的服务供给内容的精准度较低，无法恰当回应保障对象的差异化需要。不同失能程度的老年人在具有某些共同长期照护需求的同时也具有一些差异化的需要。然而，从49个城市颁布的政策内容来看，大多数城市的服务供给内容缺少对保障对象的服务需求以及不同失能程度的保障对象所需的差异化服务的说明，具体表现在四个方面。其一，部分城市在当地颁布的长期护理保险政策中仅提出“为保障对象提供日常生活照料和与基本生活密切相关的医疗护理”，而对于日常生活照料包括哪些具体的服务内容以及医疗护理包括哪些服务项目都没有具体说明。其二，部分城市没有设定差别化待遇给付标准，导致所有符合待遇给付条件的保障对象无差别地获取统一的待遇给付。无差别的待遇给付表明这些城市将所有保障对象视为具有统一需求的群体，即忽视了不同失能程度、获得不同服务形式的失能老年人的长期照护服务供给差异。其最直接的影响是导致资源分配不当而造成资源浪费或服务供给不足的情况。其三，在制定了差别化待遇给付标准的试点城市中，大多数试点城市关于待遇给付等级的划分较为粗略。待遇给付等级的划分是以失能认定结果为参照的。目前大部分城市依据《日常生活能力评定量表》评估分数划分待遇给付等级。总体来看，主要将评估结果是小于等于40分的保障对象纳入待遇给付范围。然而，40分及以下的失能老年人所需的长期照护服务也有较大差异，现有政策缺少进一步的划分。其四，在将失智老年人纳入长护险保障范围的试点城市中，大多数试点城市为符合给付条件的失智老年人提供的服务与为失能老年人提供的服务基本相同，并没有将失智照护与失能照护作明确的区分。

5.2.2 福利输送系统存在的主要问题

从49个城市的长期护理保险政策福利输送系统的现状及其特征来看，在长期照护服务的输送体系中，社区职能的缺失和以机构照护为核心的长期照护服务输送格局是目前存在的主要问题。

1. 忽视了社区在长期照护福利输送中的重要作用，难以实现整合照护

试点城市长期护理保险政策已形成了以政府为主导，市场、社会组织、非正式照护主体共同参与的福利输送系统。从福利输送职能来看，上述系统有决策者、执行者和输送者，三个职能主体在政府的主导下有序运行。然而，从福利接受者的角度来看，在上述三个职能主体中，与福利接受者直接接触、关系最为紧密的组织是服务的输送者，即以定点护理机构为主的长期照护服务供给机构，这导致长期照护服务输送机构成为连接福利输送系统与福利接受者的中间组织。中间组织作为连接供需双方的桥梁，具有指导保障对象获取福利待遇、统计辖区内保障对象的基本信息、协调供需双方利益的重要职能。然而，定点护理机构作为直接供给者，它无法胜任上述职能，这便导致了供需双方的“桥梁”缺失。其所造成的影响主要表现在：第一，保障对象难以掌握长期护理保险政策的相关信息，无法及时、有效地获取长期照护服务，其利益难以得到保障；第二，服务供给机构无法知晓其所及范围内失能老年人口的基本信息，导致机构难以准确规划护理床位和护理设备的数量与类型、人员配备、服务项目和内容等资源。

未将福利输送系统设定在社区层面是导致上述问题的重要原因。现阶段长期护理保险政策的福利输送系统是市级（或区级）统筹的，即在全市（或全区）范围内统一分配长期照护资源，这种方式有利于统一管理，降低行政管理成本。但是市级（或区级）统筹的福利输送系统未将具体的输送职能下放至社区层面，导致中间组织职能的缺失，其后果是福利输送系统缺乏灵活性与针对性，供需双方信息不对称。一方面，难以满足全市范围内不同区域的保障对象的个性化需求，也无法达到被政策覆盖就能获取福利的美好愿望；另一方面，定点机构处于被动地位，即定点护理机构不能通过“正规”途径知晓辖区内的保障对象与潜在保障对象的状况而主动为其提供服务。上述两方面共同导致了现阶段定点护理机构“空置率”高，而保障对象又未能获取正式照护服务的矛盾现象。吉尔伯特和特雷尔（2013）提出，社区应该是福利输送系统聚集的场域，因为社区是福利的提供者与接受者均会出现的地方。在中国，城乡社区一直是社会治理和服务最基本的单元（曹海军和薛喆，2018）。自中国单位制逐渐衰退以来，社区组织便因其所具有的基层性、群众性和自主性成为促进社会整合和社会稳定的重要组织（魏娜，2003）。在中国的社会养老服务体系中，社区已成为社会养老服务供给的重要依托。而现阶段，试点城市颁布的长期护理保险政策并未将社区纳入福利输送体系，也没有明确指出社区应承担的职责，甚至连社区二字都鲜有提及，这将严重影响长期护理保险政策福利输送系统的可持续发展。

未将福利输送系统设定在社区层面的主要原因是目前福利输送系统的构建仍是基于供给的视角，而不是遵循以失能老年人为中心的福利输送原则。以失能老年人为中心意味着所有的照护资源围绕服务对象展开，它需要将各种资源整合至服务对象易于获取的范围内。社区具有调动和整合照料资源、避免社会弱势群体边缘化、促进社会和谐的优势，并且在社区内失能老年人易于获取服务。因此，以失能老年人为中心的“整合照护”需要以保障对象所在的社区为基本照护单位来输送服务（杜鹏等，2014）。综合来看，社区层面是整合各种照护资源的最佳选择。然而，长期照护服务系统中社区职能的缺失导致了照护服务的碎片化与不连续。我国现阶段以保障对象所获取照护服务的地点作为服务形式的划分依据就是将福利输送系统碎片化的现实表现。强调社区作为福利输送系统的基本单位将打破上述碎片化现状，不再以机构照护、社区照护和居家照护作为服务供给的重要依据，而是将长期照护服务输送系统作为一个连续的整体，其核心不是保障对象基于失能程度选择在哪个地点获取照护，而是在其熟悉且舒适的社区内能获取连续而有效的照护资源。

2. 以机构照护为核心的服务输送布局难以解决长期照护供需失衡的难题

现阶段中国长期照护服务输送是以定点护理机构为核心的，其主要的服务供给形式也是在定点护理机构内接受机构照护；其优势是定点护理机构的护理设施完备、服务人员专业，保障对象理论上可以在此获得正规且标准化的照护服务。但是由于定点护理机构的床位数量少、空间分布不均匀、照护服务人员严重短缺的现状，导致以定点护理机构为核心的输送体系无法解决长期照护服务供需失衡的难题。

首先，民政部发布的《2021 年民政事业发展统计公报》显示，截至 2019 年底，全国各类养老机构和设施共 35. 8 万个，养老床位合计 815. 9 万张，每千名老年人拥有养老床位 40 张①。尽管在 2022 年出台的《“十四五”国家老龄事业发展和养老服务体系规划》中设定了到 2025 年养老机构护理型床位占比达到 55% 的目标，但由于资金、护理

① 目前还未有国家层面的护理型床位统计数据。

人才的短缺，导致护理床位的发展依旧十分缓慢（杨菊华等，2020）。

其次，定点护理机构的空间分布情况导致长期照护服务的可达性较差，即保障对象获取机构照护的便利程度较低。长期照护服务的可达性，一般用老年人居住地与照护机构的距离作为衡量标准，距离越长、其空间可达性越差。以长期照护服务输送系统较为成熟的上海市为例，照护机构在中心城区高度集中，但规模较小，其实际入住率约为64.8%，而郊区的规模较大但较为分散，其入住率仅为18.1%（高向东和何骏，2018）。由此表明，一方面，郊区的照护机构空置率较高，空间分布不合理，造成了资源的浪费；另一方面，农村地区几乎没有照护机构，导致农村失能老年人难以获得正式照护。

最后，从专业人员数量来看，我国4063万失能老年人对养老护理员的需求高达600多万人[①]，而目前我国养老机构的养老护理人员仅有30万人，存在较大的缺口，严重影响了服务供给的效率与质量。我国在定点护理机构的床位数量、空间分布和照护服务人员数量三方面的现状，已充分说明以机构照护为核心的长期照护服务输送系统布局存在较大缺陷。

除了上述制约因素之外，发达国家在长期照护服务输送体系中出现的问题也应引起我们的警惕与防范。定点护理机构的较高成本将是阻碍以定点护理机构为核心的服务输送体系发展的关键因素。发达国家的实践经验表明，机构照护往往伴随着较高的服务成本，机构照护的人力成本高昂，导致公共财政与个人都难以承受。例如，美国在20世纪60年代的机构照护成本中，护理人员的工资占总成本的35.6%[②]，甚至有的研究表明在瑞士人工成本高达88%[③]。2008年，经济合作与发展组织（Organization for Economic Co-operation and Development，OECD）国家入住照护机构的人占所有长期照护服务使用者的1/3，但其费用占据了老

① 民政部．民政部负责同志就《关于进一步扩大养老服务供给促进养老服务消费的实施意见》回答记者提问［EB/OL］．(2019－09－23)［2020－04－12］．http：//www.mca.gov.cn/article/gk/jd/ylfw/201909/20190900019846.shtml.

② Ruchlin H S，Levey S. Nursing Home Cost Analysis：A Case Study. *Inquiry*，Vol. 9，No. 3，1972，pp. 3－15.

③ Crivelli L，Filippini M，Lunati D. Regulation，Ownership and Efficiency in the Swiss Nursing Home Industry. *International Journal of Health Care Finance & Economics*，Vol. 2，No. 2，2002，pp. 79－97.

年长期照护公共资金的62%①。2012年美国护理院的平均费用为准私人房间81030美元，私人房间90520美元，这些费用相当于同期65岁老年人平均可支配收入的3倍（张盈华，2015）。自20世纪80年代开始，西方国家开始削减机构照护支出，大力推行“就地老化”政策。据统计，1984～2008年，北欧65岁以上老人住在机构的比例，丹麦下降了2.2%，芬兰下降了1.3%，瑞典下降了3.1%，下降的部分被社区居家照护所替代，医院和医疗护理院模式也向社区型照护院转型（杨团，2016）。

5.3 保障维度面临的主要困境

从49个城市长期护理保险政策的实践现状与中国国情来看，在全国范围内全面推广以长期护理社会保险为核心的老年长期照护筹资制度仍面临着诸多困境。

5.3.1 筹资主体的缴费能力有限，资金来源的可持续性面临挑战

长期护理保险制度作为一种社会保险，必须遵守《中华人民共和国社会保险法》的相关规定。其中总则的第四条明确提出，中华人民共和国境内的用人单位和个人依法缴纳社会保险费；第五条提出县级以上人民政府对社会保险事业给予必要的经费支持。由此可见，个人和单位是缴纳社会保险费的重要主体，政府则更多的是给予必要的支持，特别是在社会保险基金出现支付不足时，县级以上人民政府应给予补贴。尽管在试点阶段单位和个人的缴费责任主要通过医疗保险统筹基金和个人账户划转的方式体现，但随着长期护理保险政策的推进，单位和个人需要额外缴纳相应的保险费。例如，作为长期护理保险试点重点联系省份之一的吉林省明确提出了“建立以用人单位和个人缴费为主，政府补助等为辅，互助共济的长期护理保险多渠道动态筹资机制”。由此可以推测，

① Colombo F, Llenanozal A, Mercier J, et al. Help Wanted?: Providing and Paying for Long - Term Care. *OECD Health Policy Studies*, 2011.

单位和个人缴费将成为社会保险性质的长期护理保险资金的重要来源，而政府补助将逐渐退为辅助地位。资金来源的可持续性是保证长期护理保险政策正常运行的经济基础。然而，由于筹资主体的缴费能力较为有限，资金来源的可持续性将面临挑战。

一方面，目前企业已承担较重的社会保险缴费压力，在中央政府同意降低社会保险费率或短期内减征社会保险费的背景下，增加用人单位的缴费责任难以实现。目前经济发展进入新常态，GDP 增速趋缓，企业面临着诸多发展瓶颈，在现有的社会保险制度下，劳动力成本上升已成为限制企业发展的重要因素之一（何文炯，2017）。国务院办公厅于 2019 年 4 月颁布了《国务院办公厅关于印发降低社会保险费率综合方案的通知》，明确提出通过降低养老保险单位缴费比例、阶段性降低失业保险和工伤保险费率、调整社保缴费基数等方式减轻企业负担。在用人单位缴费能力有限的情况下，长期护理保险仍要加重用人单位的社会保险缴费压力，不仅会进一步限制企业的发展，还将与中央降费政策相违背。

另一方面，利用医疗保险结余基金和个人账户的划转进行筹资的方式难以持续。人口老龄化程度与人均医疗支出呈正相关的现实（余央央，2011），将导致医疗保险基金大量结余的现状不会一直持续。目前个别地区已经出现医疗保险入不敷出的现象，如 2013 年，全国出现城镇职工医疗保险统筹基金当期收不抵支的统筹地区有 225 个，其中 22 个地区的累计结余基金出现赤字，而城镇居民医疗保险基金当期收不抵支的统筹地区也达到 108 个[①]。随着医疗支出的逐渐增多，医疗保险结余基金出现赤字的地区将会陆续出现。在此背景下，医疗保险统筹基金持续而过重的划转负担将严重影响医疗保险基金的正常运行，进而导致长期护理保险金的来源渠道受阻。

5.3.2 不同城市之间参保者的权利与义务不对等

社会保险强调权利与义务对等原则，主张只有先缴费才能享受待遇给付（陶纪坤，2020），这一原则强化个人获得福利资源时的相应对等

① 孙洁：《构建稳定可持续的长期护理保险筹资机制》，载于《中国经济时报》2019 年 3 月 12 日。

义务（高功敬，2013）。社会保险性质的长期护理保险制度是一个不同利益群体的利益调整机制（曹信邦，2015），权利与义务对等原则是贯穿长期护理社会保险筹资制度的主线，即“谁参保谁享受，谁缴费谁受益”。在长期护理保险中，个人缴纳一定数额的长期护理保险金，在失能风险发生时获得相应标准的待遇给付是权利与义务对等原则的体现。从 49 个城市颁布的长期护理保险政策来看，部分地方政府为了更好地推进长期护理保险政策工作，现阶段采取不再额外增加个人缴费负担的策略，但是这一做法违背了社会保险的权利与义务对等原则。例如，在试点开始阶段，梅河口市从上一年基本医疗保险统筹基金结余中划转部分资金作为长期护理保险基金，划转标准为职工每人每年 100 元，城镇居民每人每年 80 元，而个人不需要缴费。济南市按照 115 元/人/年的标准筹集，其中政府补助 5 元，福利公益金补助 10 元，职工基本医疗保险统筹基金划转 100 元，个人也不需要缴费。宁波市从市区职工基本医疗保险统筹基金累计结余中一次性划转了 2000 万元作为长护险试点启动资金，保障对象所花费的长期照护服务费用从启动资金中支付，个人无须缴纳。

按照权利与义务对等的原则，参保对象享受的待遇给付与其缴纳的长期护理保险费用存在一致性（陶纪坤，2020）。但是在长期护理保险个人缴费的城市，不同城市之间待遇给付与缴纳的长期护理保险费之间存在不一致性。例如，在通过定额筹资形式进行筹集资金的城市中，安庆市的筹资标准最低，暂定为每人每年 40 元的标准，其中 20 元由参保人员个人缴纳；而个人缴纳仅为 10 元的呼和浩特市，其保障对象的总筹资标准为 70 元/人/年。在进行待遇给付时，安庆市在协议医疗护理机构获得长期照护的重度失能人员，长护险基金按 60 元/天标准结算；而呼和浩特市入住医疗机构的保障对象，重度三级的支付标准为 1800 元/月。这意味着，同样是重度失能人员且享受同等标准的照护服务，个人在呼和浩特市承担的金额更少。不同城市之间待遇给付与个人缴费之间的不一致性也体现出不同城市发展不均衡的现状，即相同的缴费义务并没有获得同等的福利资源。除此之外，不同城市之间的筹资标准存在较大差异，如在定额筹资的城市中，安庆市暂定的筹资标准是 30 元/人/年，而石河子市参加职工医保的参保人员的筹资标准是 180 元/人/年，两个城市之间的筹资标准相差近 5 倍。筹资标准的设定受到当地参保人员人数、医疗保险基金结余数额、地方社会经济发展程度等各方面因素影响，这也体现出不同城市之间为参保对象所配备的资源不同。而不同城市之间筹资标准的较大差异，将直接导致国家层面难以制订具有推广意义的筹资方案，进而影响了国家层面长期护理保险制度的发展进程。

5.3.3 长期护理社会保险制度是否独立建制仍存在争议

资金从何而来是地方政府乃至国家构建长期护理保险制度首先需要解决的问题。资金问题无法解决，将直接阻碍长期护理保险制度的构建。尽管长期护理社会保险制度已在全国范围内逐步开展试点工作，但是目前国内学术界关于构建独立性的长期护理社会保险制度是否可行的问题，仍存在较大争议。从建制逻辑来看，在当前支持长期护理社会保险独立建制的学者中，一部分学者基于中国失能老年人口规模的不断扩大、家庭照护能力的日益衰弱、个人和家庭难以承受长期照护成本的国情，认为应借鉴国际国内的经验，建立长期护理社会保险制度以应对长期照护难题（吕学静，2015；郑功成，2016；张奇林和韩瑞峰，2016）；另一部分学者认为，社会保险制度模式在中国的养老、医疗领域已取得了成效并积累了丰富的经验，长期护理社会保险制度在中国容易被民众接受，具有环境优势与可操作性（张广利和马万万，2012；钟仁耀和宋雪程，2017）。

然而，部分学者对上述建制逻辑提出了异议，李珍和雷咸胜（2019）认为学术界过分夸大了失能老年人口规模、长期照护需求、家庭照护能力弱化的程度，并且只看到了国外的经验而忽视了教训，中国应该基于实际需求以及与经济发展相适应的立场，采取照护津贴模式，而不适宜全面采取社会保险模式。杨团（2016）认为目前采用社会保险模式的国家数量较少，并且国际教训多于经验，以财政为基础的各类长期照护补贴、调整现有制度、家庭付费以及社会支持是大多数国家的选择，因此，中国的长期照护筹资是否走向社会保险方向应慎重决策。房连泉（2016）认为目前大多数国家解决老年人长期照护问题的措施还主要是依托医疗保险或社会救助政策，在我国有多大可能和能力建立独立的长期护理保险制度都还没有定论的情况下，应该审慎对待长期护理保险的选择。陈永杰和岳经纶（2018）认为不同的筹资机制会带来不一样的服务体系，保险制重机构轻居家与社区，重实物给付轻现金给付，这些都是决策者应该系统考虑的。何文炯（2017）特别强调，建立社会保险性质的长期护理保险制度并在工薪劳动者中首先实施的方案需要慎之又慎。

通过上述分析我们可以得出基本结论：从筹资角度来看，目前在国家层面是否构建独立性的长期护理社会保险制度仍存在着诸多困境和较大争议，而试点的目的正是要探究长期护理社会保险制度在中国的环境中是否可行。

第 6 章　发达国家长期护理保险制度的经验与启示

发达国家长期护理保险制度的实践已有半个多世纪的历史。在这 50 多年的时间里，发达国家逐渐探索出比较健全、具有借鉴意义的体系与模式。发达国家的实践经验对于中国逐步扩大长期护理保险制度试点，以及建立国家层面的长期护理保险制度具有不言自明的重要意义。因此，本章选取荷兰、德国和日本三个典型的长期护理保险制度国家作为分析对象，全面介绍了三个国家在积极老龄化三个支柱层面上的实践经验，试图为中国在政策试点阶段存在的问题找寻解决方案，并为中国建立国家层面的长期护理保险制度提供重要启示。

6.1　荷兰长期护理保险制度的发展经验

一般认为，老年长期照护制度起源于荷兰（戴卫东，2015）。早在 1968 年，荷兰就颁布了《特殊医疗费用支出法》，成为世界上第一个将老年长期照护作为独立保障领域并立法的国家。长期护理保险制度是荷兰老年长期照护制度体系的核心。自建制以来，荷兰的长期护理保险制度主要经历了 3 次较大的变革，分别是 2003 年《特殊医疗费用支出法》的现代化改革、2007 年颁布的《社会支持法案》以及 2015 年出台的《长期护理法案》。通过这 3 次较大的变革，荷兰形成了由医疗、护理和养老三部分共同构成的老年长期照护制度体系（胡苏云，2017）。

6.1.1　参与维度：荷兰社会分配基础的发展经验

荷兰长期护理保险制度是个性化系统的典范，它在最大程度上保障了全体公民能够参与长期护理保险制度，并充分尊重了保障对象的服务选择权。

首先，从覆盖范围来看，有义务缴纳所得税的所有公民以及在荷兰工作的所有居民都是长期护理保险的参保对象，他们在需要长期照护服务时都有申请长期护理保险待遇给付的权利。个人收入资产状况不作为享受长期护理保险待遇的标准。

其次，荷兰建立了全国统一的需求评估标准，申请者作为需求评估组织成员，参与资格认定的全过程。长期照护服务需求评估工作自 1998 年起由区域需求评估组织负责，2005 年之后建立了护理需求评估中心（Centrum Indicatiestelling Zorg，CIZ）负责保障对象的需求评估（Schäfer et al.，2010）。CIZ 是完全独立自主的机构，没有任何的绩效考核激励制度，以保证其评估过程及结果的公正、客观。CIZ 由参保对象、政府机构、消费者组织、服务供给者等代表组成，具体的评估工作由 CIZ 委托的专业评估团队来完成。这个团队主要包括护士、社会工作者、精神分析老年医学专家、社会干预老年医学专家等。在需求评估时，采用 WHO 制定的 ICF 评估体系。其评估指标主要有失能程度、健康状况、心理和社会功能、家庭和生活环境、是否可以并且持续获得服务（正式照护和非正式照护）的可能性等方面。在评估的具体过程中，都是以保障对象的需求为核心。评估者不仅要诊断申请者的失能程度，还要考虑申请者获得常规照护、非正式照护以及已具有其他社会福利的状况，由此综合判断申请者失能状况的照护途径。

最后，保障对象拥有自由选择服务供给形式的权利。荷兰卫生部建立了保持老年人独立性、更尊重老年人个人意愿的个人预算计划。在这个制度中，老年人可以与健康保险公司协商来确定购买哪种照护服务（Sheldon，2002）。其具体流程是，在专家对申请者进行综合评估，明确保障对象有资格获取与其自身状况相一致的服务类型后，保障对象可以根据自身需要选择服务福利或者现金福利①。选择服务福利的保障对象可以在区域照护服务办公室审核通过的服务供给机构中选择自己心仪的服务机构为其提供服务。选择现金福利的保障对象可以自主决定现金如何使用，既可以在市场上购买长期照护服务，也可以作为非正式照护者

① 只有居家照护服务才可以选择服务福利或者现金福利，如果被评估需要机构照护，那么只能选择服务福利。

的劳动报酬。现金补贴相当于接受同等数量服务福利所需资金的1/4。

6.1.2 健康维度：荷兰长期照护服务供给体系的发展经验

荷兰具有“欧洲最佳医疗体系之国”称号，拥有欧洲最完善的医疗卫生服务系统。这个体系的核心特征是具有一套高质量、高效率的整合照护服务供给系统。

1. 社会供给类型

荷兰的长期照护服务供给类型可以分为服务福利和现金福利。其中，服务福利主要包括护理院照护和居家照护。荷兰的居家照护与护理院照护并不是分离的，而是在以保障对象为中心的体系中相互配合，共同构成了具有高度连贯性的整合照护服务体系。

第一，从护理院照护角度来看，护理院提供以保障对象为中心的多样性照护服务，主要涉及康复、临时护理、持续护理、姑息护理、并发疾病管理、临终关怀与日托服务等。长期护理保险覆盖的护理院服务是发生在与保险签订适当服务合同的机构中，即被保险人只有在具有资格的照护机构中获得的服务才能获得长期护理保险的支持。对照护机构而言，这项规定并没有不利影响，因为保险公司必须与提出相应要求的任何机构达成协议。荷兰是欧洲国家中机构照护较为发达的国家，对护理院的基础设施及其配备的人力资源都付出了较高的建设成本。在硬件设施方面，每位入住护理院的保障对象都有自己独立的生活空间，位于特定区域或“病房”内。大多数荷兰护理院都设有躯体病房（针对中风、帕金森病等身体问题患者）和失智老人的心理病房。在人力资源配备方面，荷兰的护理院是有专业的护理院医师（The Nursing Home Physician，NHP），这些护理院医师与全科医生不同，他们都是专业的护理院医学专家。NHP在医学院毕业后会接受为期两年的培训，专门从事护理院医学。这两年的培训内容主要包括传统的老年医学主题，重点是康复、慢性病管理、临终关怀和管理问题（Conroy et al.，2009）。每位NHP将负责大约100名护理院中的保障对象。NHP在一个多学科团队中工作，并定期为每位保障对象召开病例会议；护理院医生也会与他们的老年病学家同事密切合作；老年病学家为详细的诊断评估提供选择性入院和门诊服务，并在需要时到护理院探视病人。

护理院医师除了为护理院中的居民提供医疗服务，也越来越多地为在家中获得照护服务的居民提供建议或护理管理。护理院是荷兰综合的长期照护服务供给场所，它不仅为失能人员提供机构内的长期照护服务，作为整个长期照护服务供给体系的中心枢纽，还在社区层面将长期照护服务供给体系进行了整合。它将初级和中级护理、社区医院、日托、社区服务和临终关怀服务汇聚在一起，通过专门建造的设施，成为社区服务的中心枢纽，为在自己的家中和住宅中生活的失能老年人提供现场医疗保障，包括静脉输液、鼻饲和抗生素治疗。许多急性问题都可以在家中解决。

近年来，荷兰对护理院照护服务采取了一系列的完善措施。第一，提高护理院照护人员素质。护理院应配备具有工作自豪感并且富有同情心的照护专业人员，确保照护人员有适当的培训和经验，给予保障对象所需要的关注，强调为保障对象始终提供一个值得信赖且了解他们的服务供给环境。第二，加强护理人员专业教育培训。为了培养具有护理院专业知识和技能的护理专业人员，荷兰卫生和教育部制定了一项行动计划，以促使教育和培训更加符合专业性的具体规则。第三，建立更加透明的护理院绩效制度。为了提高照护质量的透明度，保障对象及其家人的评论将在互联网上发布。当其他人选择护理院时，这可以为他们提供帮助。从 2017 年开始，每个护理机构的绩效信息也在互联网上发布，具体的指标包括药物安全性、与保障对象和家庭成员的沟通、照护人员资格和质量管理等。第四，促使保障对象管理自己的护理和支持计划，从 2017 年起，所有护理院的保障对象或其代表将负责他们自己的护理和支持计划，这也适用于失智人员。照护和支持计划规定了必须满足的照护需求，以使居民能够有尊严地生活。保障对象或其代表（非正式照护人员，家庭成员）将参与计划的起草过程。第五，加强对照护服务机构的监管。医疗监察局将密切监督提供不合格护理服务的机构。

第二，从居家照护服务供给形式来看，与护理院照护相比，更多的荷兰居民更倾向于在家中接受正式照护服务。截至 2011 年底，荷兰 65 岁及以上的老年人口获得长期照护的比例是 19.1%，位于欧盟国家的首位；其中，居家照护占比（12.7%）是护理院照护占比（6.4%）的两倍[①]。根据《特殊医疗费用支出法》的规定，居家照护服务的内容主

① European Commission, Social Protection Committee. Adequate Social Protectionfor Long-term Care Needs in an Ageing Society. *Brussels*: *European Commission*, 2014.

要包括个人护理、社会支持、疾病治疗与护理（罗丽娅，2020）。居家照护服务更多地需要利用社区内的小型生活设施，并由大型机构提供支持。在不降低高质量医疗和护理重要性的情况下，荷兰越来越强调通过关注慢性病护理的“社会化”来提高生活质量。慢性病护理的社会化是指让体弱的老年人（包括痴呆症患者）尽可能长时间住在自己的家里或附近，并帮助他们过上正常的生活。慢性病护理的社会化需要提供适当的经适房和社会服务，使体弱的老年人能够尽可能长时间地积极参与正常活动。这也需要结合护理院和社区护理的互补优势，以及全科医生和护理院医生之间的良好合作。

2. 福利输送系统

荷兰长期照护服务输送体系正在由国家供给向国家、社会与个人共同承担供给责任的方向转变。根据《特殊医疗费用支出法》规定，国家是福利供给主体，其供给的内容侧重于医疗保健服务。然而，自2015 年 1 月 1 日起，原先在国家层面组织的各种长期照护职责和权限下放至市级政府和健康保险公司。在国家层面上，组织和资助需要全天24 小时照护和援助的最脆弱的老年人（Jongen et al.，2016）；而市政府则主要负责提高社会对于老年人的包容度并促进老年人更加独立、支持非正式照护者以有提供居家照护。由强制性社会保险提供资金的健康保险公司的主要任务是为居住在家的老年人提供照护服务、医疗服务与姑息治疗。与此同时，荷兰也削减了在正式照护领域的财政投入。荷兰政府改革的目的主要在于为失能老年人提供离家更近、符合个性化需求的长期照护服务。

总体来看，荷兰长期照护服务输送系统主要发生了以下三个方面的变革。其一，长期照护服务供给的权力由国家逐步下放至地方政府。其二，除了政府对长期照护的责任普遍减少之外，这种责任还正在分散。国家层面的责任仅限于最严重的情况，而市政府一级的新职责主要在社会照顾。其三，个人和家庭的照护责任增加，正式照护逐渐向非正式照护转移。尽管荷兰是欧洲国家中正式照护程度较高的国家，但随着政府对于正式照护的预算削减，使得失能程度较低的保障对象将要在家中接受服务。而荷兰是一个参与社会型的国家，人们倾向于照顾自己和家人（Delsen，2012）。因此可以预计，强制提供非正式照护的现象将急剧上升。

6.1.3 保障维度：荷兰筹资模式的发展经验

荷兰长期护理保险制度的筹资模式采用的是社会保险模式，它是通过向全体居民强制性征收保险费的方式对失能人员的长期照护服务成本进行分担，体现了社会团结的原则。在荷兰的社会保障体系中，长期护理保险属于健康保险的一部分。长期护理保险基金的管理和收集由健康保险公司负责，护理院照护的资金使用由国家层面负责，而居家照护的付款则是由当地市政府组织开展（Dintrans，2019）。

根据《特殊医疗费用支出法》规定，长期护理保险的资金来源主要有三个渠道：被保险人缴纳的强制性保险费、政府补贴（也称为一般性税收）以及被保险人的共同支付费用。根据法律规定，年满 15 周岁并且有纳税收入的公民都要依法缴纳保险费用。对于没有工资收入的公民，其保险费由政府承担。具体来看，一是被保险人缴纳的强制性保险费，它的费率是 12.55%，最高的收入限制是 30631 欧元，通过工资税征收系统与其他保险一起征收；二是政府补贴，政府根据健康保险理事会每年提出的总预算来确定每年对长期护理保险的资金支持金额；三是被保险人的共同支付费用，它是政府和被保险人需要共同承担被保险人在护理机构的住宿费用。政府和被保险人共同支付的费用，依据被保险人在护理机构获得照护的时间不同分为低额共付标准与高额共付标准。当被保险人在护理机构获得照护的时间不超过 6 个月时，按照低额共付标准执行。每个月最低支付 134.4 欧元，最高 796 欧元，占缴费人每月税后收入的 12.5%；当被保险人在护理机构获得照护的时间超过 6 个月时，按照高额共付标准执行，每个月最多支付 1751.4 欧元（Landaucr，2009）。如果被保险人没有能力支付最低的共付款，则可以获得福利金作为辅助支持。

长期护理保险成本的持续攀升引起了荷兰相关部门的关注。荷兰用于长期照护的公共支出位于欧洲国家的首位，在 2009 年，政府长期照护支出占全年 GDP 的 3.5%①；2011 年，占全年 GDP 的 3.7%（健康照

① Rodrigues R，Huber M，Lamura G. Facts and Figures on Healthy Ageing and Long-term Care. *Vienna*：*European Centre for Social Welfare Policy and Research*，2012.

护2.7%，社会照护1.0%)[①]。2014年，荷兰政府实施了重大的长期护理保险改革以应对经济危机和回应人口变化（Janssen，2016)。一是缩小了政府完全承担长期照护费用群体的范围。根据《长期护理法案》规定，政府仅承担需要24小时照护人员的长期照护费用。二是明确了健康保险与长期护理保险的边界。经过资格认定的保障对象，在医疗机构中的医疗费用将由健康保险支付，在护理院中的非医疗性照护服务费用由长期护理保险支付。失智老年人前三年的门诊和住院费用由健康保险支付，3年后由长期护理保险支付（季佳林等，2020)。三是自2015年1月1日起，荷兰加强了非正式照护力度，而在此之前荷兰非正式照护者提供的护理服务很少（Kraus et al.，2011)，与此同时削减了3.5亿~3.7亿欧元的财政投入（Janssen et al.，2016)。

6.2 德国长期护理保险制度的发展经验

德国于1994年5月26日通过了《长期护理保险法》，并于1995年1月1日起正式实施。这标志着德国通过强制性长期护理保险（包括强制性社会护理保险和强制性私人长期护理保险）来应对失能人员个人需求和照护服务的风险[②]。在德国，社会长期护理保险是一个独立的社会保险分支，它与健康保险、养老保险、意外保险和失业保险共同构成德国社会保险体系。尽管失能人员因生活无法自理而需要他人的帮助，但是德国长期护理保险的最终目的是为需要照护的人提供帮助以使其能够独立生活（Landauer et al.，2009)。

6.2.1 参与维度：德国社会分配基础的发展经验

在覆盖范围方面，所有参加强制性健康保险的成员和私人健康保险公司的投保人在法律上有义务参加社会长期护理保险。因此，社会长期

---

① European Commission，Social Protection Committee. Adequate Social Protection for Long-term Care Needs in an Ageing Society. *Brussels*：*European Commission*，2014.

② 由于我国的长期护理保险是社会保险属性，因此本部分只介绍德国社会长期护理保险的相关经验。

护理保险的覆盖范围是那些在强制或自愿基础上，义务参加健康保险的成员。义务参保人的家庭成员（包括他们的配偶和子女）作为共同参保人而被纳入参保范围，无须额外缴纳保险费。法定长期护理保险的一个特点在于，即使是私人健康保险公司的成员也必须要拥有私人长期护理保险（Landauer et al.，2009）。

在资格审查方面，德国的内科医生和护士根据医学审查委员会（Medical Review Board，MRB）的要求，依据特定的指导原则评估护理水平（Rhee et al.，2015）。参保人若想获得福利待遇，则需要向社会长期护理保险基金主管部门提出申请。健康保险的医疗服务机构负责确定申请人的待遇给付资格以及所需的照护等级。待遇给付条件：（1）申请者必须是在规定的时间范围内加入了长期护理保险。自2008年7月1日以来，最低参保期限是从申请之日起最近的2年内。（2）参保人由于疾病或者残疾，至少6个月无法独立完成日常生活活动。日常生活活动包括一些基本的活动，即个人卫生、饮食与运动，以及家务劳动、仪器使用等活动（Landauer et al.，2019）。健康保险公司的医学审查委员会负责评估所需照护的个人程度。MRB评估的四个基本活动领域是个人护理、营养、活动能力与家务管理。失能程度的鉴定主要依赖于日常生活活动能力（Activities of Daily Living，ADL）评定和工具性日常生活活动能力（Instrumental Activities of Daily Living，IADL）评定。评估人员是由MRB授权的医生和护士。2011年德国扩大了保障对象的覆盖范围，将那些日常生活能力受限需要适当辅助的并且没有达到护理级别Ⅰ的被保险人（主要包括由于老年失智症和患有精神残疾或心理疾病的人）纳入了长期护理保险保障范围（Landauer et al.，2009）。德国依据需要花费在照护上的时间量，将照护需要分为三个等级：重要的照护需要（照护等级Ⅰ）、严重的照护需要（照护等级Ⅱ）、极端的照护需要（照护等级Ⅲ）（Landauer et al.，2009）。2005年德国进行了改革，增加了对失智老年人行动能力的评估，将原先三个等级扩展为五个等级，目的是更好地反映受益人的需求。在新系统中，身体、精神、心理障碍在需求评估中具有同等的权重（Dintrans，2019）。

德国的长期护理保险与社会健康保险类似，无论收入或资产情况如何，每个人都有权享受同等水平的福利待遇，而且都有自由选择供给者的权利。但是，其与社会健康保险的不同之处主要体现在三个方面：其一，所获得的福利待遇由其资格水平决定；其二，资格水平是由保险计划的医疗团队评估，而不是由老年人的主治医生评估；其三，服务选择者是福利对象，而不是评估医生（Ikegami，2019）。

6.2.2 健康维度：德国长期照护服务供给体系的发展经验

1. 社会供给类型

德国法律规定的福利供给内容包括服务和其他实物福利、现金福利与费用补偿福利（Landauer et al.，2009）。总体来看，德国长期护理保险的社会供给类型主要可以分为社区照护服务福利（包括居家照护服务福利和现金福利）和机构照护服务福利。保障对象对其可以获得何种形式的服务具有选择权。社会长期护理保险依据失能老年人照护服务的需要为其提供福利给付。如果福利金不能完全支付照护费用，并且需要照护的对象没有能力支付剩余的照护服务费用，他/她可以根据 SGB XII（《社会法典》第十二卷）申请社会救助福利。

首先，社区照护服务供给类型由居家照护服务和现金福利（主要是支持非正式照护）组成。如果被保险人选择服务福利，他/她将获得由照护服务机构（与长期护理保险基金签订协议）提供的居家照护。照护服务的费用由长期护理保险基金支付，支付的费用是有上限要求的：护理等级Ⅰ每月 420 欧元、护理等级Ⅱ每月 980 欧元、护理等级Ⅲ每月 1470 欧元。与机构照护相比，德国社会长期护理保险制度更倾向于为保障对象提供居家照护。

如果被保险人选择现金福利，则必须明确被保险人可以得到适当的照护。被保险人每个月获得的现金福利数额取决于被保险人的护理级别：护理等级Ⅰ每月 215 欧元，护理等级Ⅱ每月 420 欧元，护理等级Ⅲ每月 675 欧元。为了确保居家照护的质量，受益人必须严格按照法律规定的照护间隔来获取照护服务。这种照护服务的供给者主要是提供非正式照护的家庭成员。德国为了支持非正式照护服务者，还出台了非正式照护支持政策，以鼓励家庭成员为家中的失能老年人提供照护服务。在长期护理保险制度中，非正式照护者可以获得一定的照护服务课程，专业照护服务人员每年可以获得至多四周的费用。如果家庭中的非正式照护者因休假、生病等原因导致家中失能人员无法获得照护服务，被保险人可以及时获得机构照护福利（护理院会根据长期护理保险合同为保险人提供机构照护）。如果非正式照护者每周至少提供14个小时的照护服务，那么制度会为其缴纳社会保险费和假期工资，以使非正式照护更具吸引力。

其次，从机构照护服务供给类型来看，机构照护福利可以分为三种类型：一是兼职照护（只提供白天和晚间的机构护理）；二是短期照护（每年至多四周的机构照护）；三是护理院照护（在没有居家照护和兼职照护情况下的机构照护）。在第三种类型中，长期护理保险不支付食宿费用，需要保障对象个人承担。如果个人无法承担相应的费用，可以向公共救助进行申请，申请通过后将会由公共救助承担其中的一部分或全部费用（Ikegami，2019）。在照护机构中，长期护理保险根据护理等级所支付的基本照护、社会服务与治疗性照护服务的费用受到法律的限制。日夜护理：护理一级420欧元、护理二级980欧元、护理三级1470欧元；短期护理：1470欧元；护理院护理：护理一级1023欧元、护理二级1279欧元、护理三级1470欧元；严重情况下的护理院护理：1750欧元。

最后，自2008年以来，德国长期照护服务供给体系进行了一系列改革。一是为了更充分地满足失能人员及其家人的需求，德国强化了居家照护优先于机构照护待遇给付的原则。二是被保险人有权享受个人和全面的护理咨询服务（案件管理方法），护理咨询办公室由长期护理保险和健康保险基金设立。三是自2011年起，德国加强了照护服务质量监督。政府增加了对照护机构的检查频率，采取了至少每年检查一次的定期检查制度，并且将向社会公开发布质量报告。四是2013年以来，随着长期照护需求的增长，德国通过市政府的支持和咨询来加强基于社区的照护服务，同时也加强了正式照护和非正式照护者的支持力度（European Commission，2018）。

在德国的长期照护服务供给系统中，多数住在家里的受益人（70.3%）会选择现金福利。现金福利实际上是一种非正式照护支持系统，该系统还包括照护者的福利，如服务费、养老金和意外保险。有大约15%在家居住的受益人既获得现金福利又获得直接的服务（Campbell et al.，2010）。2019年，德国接受长期照护服务福利的受益人共约413万人，女性占比62.3%。其中，有51.3%的受益人接受由亲戚提供的非正式照护，相比2011年的47.3%，这一比例上升4个百分点；获得居家照护的比例为23.8%（2011年时为23%）；机构照护的占比为19.8%，相比2011年的29.7%，这一比例下降9.9%；被分配到一级护理并依法获得日常支持服务，但没有居家照护、家庭援助服务或机构照护的受益人占比5%[①]。

2. 福利输送系统

在德国，家庭一直是失能老年人长期照护的首要责任主体。即使在德国处于福利国家的高速发展时期，失能老年人的长期照护服务也没有受到政府的关注。只有当家庭成员没有能力照护家中失能老年人时，市级政府才会承担长期照护责任。这种情况下，政府会与非营利性的慈善机构合作，由慈善机构来具体提供服务。因此，德国在建立长期护理保险制度之前，政府和非营利性机构只有当家庭照护不足或缺失时才会承担长期照护服务供给责任。然而，随着女性就业率的上升以及失能老年人数量的攀升，女性纷纷进入了职场，导致家中的失能老年人无人照护（家庭照护者主要是女性），入住护理院的老年人数攀升，造成政府的社会救助支出急速上升、政府的财政负担加剧。在此背景下，德国建立了长期护理保险制度以解决因失能老年人无人照护而引发的财政危机。德国长期护理保险制度仍然强调优先考虑家庭照护，但是增加了不同营运机构提供长期照护服务的力度。保障对象可以在不同的长期照护机构的设施与服务之间进行选择。长期照护服务供给机构由非营利组织和营利组织共同构成。为了降低过高的管理费用，德国将长期护理保险经办机构下设到健康保险机构中。健康保险机构负责长期护理保险的档案管理、福利申请者的资格审核、长期护理保险基金管理等（戴卫东，2015）。健康保险机构会向长期护理保险机构收取一定的管理费用，但长期护理保险基金账户与健康保险基金账户是各自独立的（拉尔夫·格茨等，2015），以避免二者相互挪用的状况发生。

德国长期护理保险制度的建立促使福利输送系统中的主体责任发生了转变：政府和长期照护机构的角色从幕后的辅助者转变为台前的供给

① German Federal Statistical Office. People in Need of Long-term Care in 2019, by Type of Care, Sex and Care level. https://www.destatis.de/EN/Themes/Society－Environment/Health/Long－Term－Care/Tables/people-long-term-care.html; jsessionid = A16FAB29EDE87FE89DD830BFC0DDB096.internet8712. Accessed January13, 2021. Published December 15, 2020.

者。在长期护理保险制度建立之前，一般情况下，失能老年人只能在家中接受家人照护，而没有其他选择。除非是特殊困难家庭，政府才会为其提供相应的服务。然而，在长期护理保险制度建立之后，政府、长期照护机构与家庭都成为服务供给主体，形成了由政府、社会和家庭共同构成的多元主义福利输送机制。

6.2.3 保障维度：德国筹资模式的发展经验

德国长期护理保险制度的资金来源是强制性缴费，按照收入的百分比计算。在德国，除了意外保险是雇主独立承担筹资责任之外，其他社会保险都是雇主和雇员在对等的基础上共同分担筹资责任。长期护理保险作为一种社会保险，需要遵从对等筹资原则，雇员和雇主分别承担50%的保险费。退休人员的保费一半由退休人员自己缴纳，另一半通过养老金划转（Rhee et al.，2015）。在职员工的缴费率随着长期照护支出的上升而提高。在1995年时，个人的缴费率是个人总收入的1%，在1996年的7月提高至1.7%，2008年提高至1.95%，2017年增至2.55%。如今，个人的缴费率已经增至3.05%（刘涛，2021）。个人缴费金额设有最高限额，如果收入超过了这个限额，就按照最高上限扣费。2003年的最高限额是45900欧元，2014年的最高限额是48600欧元。不受社会保险保障的人，如个体经营者、公务员与收入超过社会保障阈值的受雇者，免于长期护理社会保险缴费，但是必须购买受到严格监管的私人保险（Heinicke & Thomsen，2010）。1940年之前出生的人及23岁以下的人，军人和失业保险的受保人都无须缴费。自2005年以来，德国规定，没有生育子女的人需要额外再支付0.25%（European Commission，2018），因为没有子女的老年人不太可能获得非正式照护，而主要依靠正式照护。在这样的规定下，无子女的雇员比雇主支付的保险费高。政府的主要职责是提供充足的基础设施。长期护理社会保险基金必须确保受益人可以获得相应的福利供给。因此，长期护理社会保险的保险人会与非固定的照护服务机构签订协议，以确保长期照护服务供给。

长期护理社会保险是现收现付制，长期护理保险经办机构与服务供给者就服务质量和价格进行协商，卫生部是该系统的法律责任人和监管机构（Dintrans，2019）。私人长期护理保险主要依赖于预期的保险津贴，参加私人护理保险的雇员享有与参加长期护理社会保险的雇员相同的权利，他们都可以从雇主那里获得相同数额的补贴。

在建立长期护理社会保险时，雇主并不赞成这项新保险的建立，因为他们需要额外缴纳一项新的保险费而导致劳动力成本升高。雇员通过放弃一天公休日的方式来对雇主缴纳长期护理保险费进行补偿。有研究表明，雇员放弃这一天的公休日相当于缴纳了总收入 0.5% 的保险费（Heinicke & Thomsen，2010）。因此，在现实中，长期护理社会保险并不是一种雇主和雇员对等责任的社会保险。尽管在数字上雇主和雇员是平均分配保险费的，但员工是通过每年多工作一天的方式来补偿雇主的份额。

6.3 日本长期护理保险制度的发展经验

日本于 2000 年建立了长期护理社会保险制度，成为亚洲第一个建立长期护理社会保险制度的国家。其实，早在 1989 年日本就开启了长达十年的“黄金计划”，将 70 岁及以上老年人的长期照护问题纳入了公共政策议程（Campbell & Ikegami，2000）。“黄金计划”就是日本长期护理保险制度的雏形。日本建立长期护理保险制度的目的是为在医院以外接受长期照护的老年人提供保障，以减轻财政压力。

6.3.1 参与维度：日本社会分配基础的发展经验

在覆盖范围方面，长期护理保险制度是强制性的，即 40 岁以上的公民必须参加。被保险人按照年龄分为两类：第一类是 65 岁及以上的国民；第二类是 40 ~ 64 岁的国民。原则上，第一类被保险人一旦获得认证，就有资格通过长期护理保险制度获得长期照护服务；第二类被保险人如果患有与年龄相关的健康残疾，则符合待遇给付。

在资格认定方面，当 65 岁及以上的老年人因健康状况不佳而需要长期照护时，他们需要向市政府提出申请并获得接受长期照护服务的证明。资格评估是全国统一的，它是对身体和精神状况的信息进行客观评估，不受收入或资产状况的影响。一旦申请人被证明需要长期照护，并且有资格获得长期照护服务或支持，就会根据评估结果分配特定的照护等级（共有七个等级），同时将配备相应的支持和服务津贴。七个照护等级被分成两大类别：“需要照护”级别（1～5级）适用于需要长期照护服务的保障对象以帮助其进行日常生活活动（ADL）；“需要支持”级别（1级和2级）适用于能够独立生活，但是在未来有可能需要照护或者需要提倡工具性活动（IADL）援助的个人。对于处于较低照护等级的保障对象或在健康状况进一步下降的情况下，每两年或者每六个月重新评估一次资格，以对其获得照护服务等级进行调整。

这两种类型的认证在提供长期照护服务的类型和数量上有所不同。“需要照护”1～5级的保障对象有资格根据照护计划上建议的长期照护服务类型（包括机构照护、居家照护和基于社区的照护服务）获取长期照护服务。照护计划由客户选择的认证护理经理制定。护理经理制定每周的照护服务时间表。“需要支持”1～2级的保障对象有资格根据“预防护理计划”使用预防性福利。如果申请人未获得使用长期照护服务的认证，并且年龄在65岁及以上，且被判定为在未来有可能需要照护的被保险人，就有资格参加预防护理计划，其内容主要是改善身体或口腔功能的计划、营养指导等，这些计划由各自的保险公司负责。

6.3.2　健康维度：日本长期照护服务供给体系的发展经验

1. 社会供给类型

在日本，长期护理保险制度的社会供给类型只有服务福利，不提供现金福利。长期照护服务主要分为两类：一是针对已经发生失能状况的长期照护服务；二是针对还未发生失能状况，但是经过诊断具有发生失能可能性的预防服务。长期照护服务供给形式主要有三种：居家照护服务、机构照护服务和基于社区的照护服务。

首先，从居家照护服务供给形式来看，居家照护服务内容主要涉及家政服务和个人护理、上门护理、上门辅助沐浴、上门康复训练、营利性私人护理院提供的老年护理、福利设施租赁、家庭医疗管理咨询、购买福利设备和家庭装修的津贴、日间服务、在居所外接受的短期护理服务。居家照护是日本失能老年人最主要的照护形式。尽管日本为居家照护提供了全面的配套福利服务，但是家中仍然会有一位家庭成员（一般是儿媳或女儿）辞去工作在家中照护。在这种现象越来越多的情况下，日本在1999年建立了《育儿、护理休业法》。该法律规定，当家庭中有一位需要照护的失能老年人时，家庭成员中的一名可以享受93天的照护休假，这期间可以获得正常工资的40%（丁英顺，2018）。

其次，从机构照护服务角度来看，照护服务机构主要有三种类型：第一种是特殊护理院，它是为老年人提供长期照护服务的机构。大多数选择机构照护的老年人将在这里度过余生。第二种是康复护理院，它是为老年人提供长期照护保健的机构。康复护理院主要用于康复，它是老年人从医院治疗后到康复回到家中的过渡机构。第三种是慢性病医院，它是治疗老年人慢性病的专业医疗机构。失能老年人一般都伴有慢性病，为了提高慢性病治疗的专业性，日本将慢性病治疗机构纳入长期照护服务供给体系，但是这种医疗照护本身不包含在长期护理保险中，而是由国家医疗保健系统提供。

最后，从基于社区的照护服务角度来看，自2005年《护理保险法修订案》加入了“失能预防”的照护理念后，日本各个地方的市町村必须建设“社区综合服务中心”。其目的是让社区成为照护服务的中心，将照护服务扎根于社区，促使社区综合服务项目向医疗、照护、预防、居住和养老整体化方向发展。社区综合服务中心的功能是强调社区的综合性援助功能，鼓励早发现早治疗。这种小型的社区照护机构将以大概30分钟车程为半径。目前日本的社区照护服务中心主要有三种：一是由政府工作人员组成的社区机构；二是政府资助的民间机构，如长期照护福利机构等；三是志愿者团体，主要由妇女、大学生以及健康的、仍能提供照护服务的老年人组成，如失智老年人团体之家。2006年日本开始依托社区综合服务中心建立社区嵌入式长期照护服务体系，其照护内容包括夜间家访、失智老年人日托服务、小型而多功能的居家照护（Shimizutani，2014）。2012年，日本在《长期护理保险法》的修订中，强调了长期照护服务形式要由机构照护向居家照护转移，政府通过启动24小时上门服务、进一步提高重度失能群体的居家照护质量等方式鼓励老年人优先选择居家照护服务。日本的长期照护服务供给体系从被动护理转到主动预防，逐步从注重照护向预防和护理兼顾的方向转变。

2. 福利输送系统

日本长期照护服务供给主体包括地方政府、社会企业、非营利组织、医院和营利性公司。所有的服务供给主体都是由政府许可和监督的。营利性公司不允许提供机构照护。政府为长期护理保险所覆盖的每种长期照护服务定价，并且每三年修订一次收费标准。对于居家照护服务，每种类型的长期照护服务都有一个特定的“单位”数。一个单位相当于10日元，这个标准由于不同城市之间的服务供给者的工资存在差异，导致不同城市之间的标准也不相同。居家照护服务的费用表不取决于保障对象的照护水平，而分配到护理机构中的单位数量取决于机构的种类和每个保障对象所需的照护等级。由于每一项服务的收费标准都是由政府统一制定的，因此服务提供者不能自行定价。服务供给者主要是在长期照护服务质量上展开竞争。

6.3.3 保障维度：日本筹资模式的发展经验

日本长期护理保险制度是一个社会保险项目，采用现收现付制。它的资金一半来源于税收，另一半来源于40岁以上个人缴纳的保险费。在个人缴纳的保险费中，第一类人（65岁及以上）缴纳的数额是其年度项目预算的20%，从其养老金收入中扣除；第二类人（40~64岁）缴纳的保费额度是其年度方案预算的30%，与强制医疗保险费一起缴纳。个人缴纳的保险费在全国范围内汇集，并根据各市的年龄和收入构成进行重新分配（Shimizutani，2014）。预算的剩余部分来自中央和地方税，25%来自国家税，12.5%为都道府县税，12.5%为市町村税[①]。到目前为止，40岁以下的个人没有被纳入长期护理保险制度的保障范围，如果发生失能状况将由其他社会福利制度提供保障。

日本根据资格等级的不同，将居家照护和基于社区的照护待遇给付标准定为每月49700~358300日元（按现行汇率计算约合人民币3096~22323元）。使用者必须支付10%的共同保险（针对低收入者），并支付机构中的食物费用。对于服务供给者，费用是由长期护理保险费用

① Tsutsui T, Muramatsu N. Japan's Universal Long-Term Care System Reform of 2005: Containing Costs and Realizing a Vision. *Journal of the American Geriatrics Society*, Vol. 55, No. 9, June 2007, pp. 1458-1463.

表设定的。该费用表通常是费用发生前就已经存在的费用金额和给付条件。在机构照护中，每日津贴额根据设施的类型和居民的资格水平而有所不同。2012 年，日本 65 岁及以上人口的人均长期照护支出是 2832 美元。

获得长期护理保险制度保障资格的人员可以使用长期照护服务，在接受长期照护服务时，每位保障对象需要缴纳 10% 的共同付款，其余 90% 由保险公司支付。2015 年 8 月开始，日本提高了部分被保险人在使用照护服务时缴纳的费用比例。第一类被保险人中收入位于前 20% 的人，其个人缴纳的比例，由原来的 10% 提高至 20% 。而自 2018 年 4 月起，年金收入 340 万日元（约合人民币 212296 元）以上的人，这一比例进一步上升至 30% 。照护服务类型（居家照护或机构照护）不同，缴纳的费用也不同，各种类型的服务费用都设定了上限。上限取决于照护服务的等级，而与个人的收入与资产无关。在机构照护中，被保险人还需要承担住宿费用、伙食费用和部分日用品费用。如果保障对象由于收入过低无法支付保险费、服务使用费和其他额外支出，则可以向市町村申请减免服务使用费或者获得公共救助。

日本的长期护理保险制度的最显著特点是一种既分散又集中的系统。在这个系统中，总体框架、服务价格、收益人资格标准、待遇给付方面在国家层面高度统一，而其他方面的服务使用则由各个地方政府决定。分散的要素包括保险人是市町村和都道府县，保险费各不相同并且由当地政府收取。保障对象获取的长期照护服务类型由照护服务经理人决定。所有的长期照护服务供给者都是经过了市町村的批准，并且与其签订协议。居家照护服务供给是由多种供给者参与的，包括营利性机构。老年人需要长期照护服务时要向有关部门申请，市町村接收到申请后会指派评估人员按照全国统一的评估标准上门对申请人进行评估。集中性特征还体现在资格认定程序、服务类型以及这些服务的价格和共同支付，这些都由中央政府决定并且统一实施。这种既集中又分散的制度特征导致城市之间在供应和能力方面出现了差异，而这种差异又对总体框架造成了新的挑战。例如，不同城市的保险公司经济能力各不相同，尽管照护等级是由中央层面的客观标准决定的，但是有经济困难的保险公司在资格认证或保障对象数量的增长方面明显低于没有经济困难的保险公司（Shimizutani & Inakura，2007）。

6.4　三个国家长期护理保险制度对中国的启示

荷兰、德国和日本作为当今世界上实行长期护理保险制度的典型国家，它们在践行积极老龄化理论方面具有诸多共性，这些共同特征对于推进我国建立长期护理保险制度具有重要的借鉴意义。

6.4.1　参与维度：三个国家社会分配基础对我国的启示

通过前面对荷兰、德国和日本三个国家关于长期护理保险制度社会分配基础的分析可以发现，三个国家在覆盖范围、国家统一的评估体系、失能老年人所具有福利的自主选择权三个方面具有一定的相似性，值得我国借鉴。

首先，三个国家长期护理保险制度的覆盖范围较广。覆盖范围是衡量一个国家对于保障和支持失能老年人社会参与程度的重要指标。覆盖率往往涉及一个关键问题：保险范围是仅限于老年人还是扩大到所有不能完全自理的公民？在荷兰，所有纳税人都具有长期护理保险制度保障的权利，无论其是否具有荷兰国籍，只要纳税就具有获得福利的资格；在德国，所有个人都具有获得福利的资格，这是德国社会团结原则的重要表现——人人付费，每个人都有在需要时获得福利的权利；日本则覆盖了40岁以上的所有公民。

其次，三个国家都在国家层面建立了统一的评估体系。一方面，明确了评估主体。荷兰建立了国家需求评估中心，这是由多个主体组成的一个独立的评估组织；德国是通过医疗服务机构进行诊断；而日本则是通过专家委员会的诊断来确定谁能获得福利。另一方面，在国家层面统一了评估工具和评估标准。尽管三个国家使用的需求评估工具各不相同，但是它们的共同点都是在国家层面进行了统一。也就是说，在一国之内，对于同一个福利申请人，无论他/她在哪个城市，对其所进行的需求评估内容和过程都是遵循着同一个标准，不因城市不同而存在差异。这在很大程度上保证了评估程序的公正与评估结果的公平，确保了所有的参保人都能公平地享有获得长期护理保险制度待遇给付的权利。

最后，失能老年人具有自主选择福利给付形式的权利。在进行失能评定时，失能老年人可以自主表达自身的需求，并且根据诊断结果建议的福利供给形式自主选择自己喜欢的福利给付方式。在这种制度下，保障对象获得的福利是符合自身需求的，是由保障对象主动选择而不是被动接受的。在三个国家中，荷兰的长期照护服务供给系统最为发达。在荷兰，失能老年人不仅可以自主选择获得什么形式的福利，还可以选择由谁来提供服务，促使保障对象充分参与为其提供的长期照护服务。这也表明荷兰具有充足的长期照护服务供给者，并且长期照护服务供给者之间已经形成了竞争机制。保障对象自主选择服务形式与供给者的制度安排也有利于促进长期照护服务质量提升。

6.4.2 健康维度：三个国家长期照护服务体系对我国的启示

在上述三个国家中，长期照护服务都有从机构照护向居家照护转向的趋势，特别是都注重在社区层面开展长期照护服务。随着照护服务体系的发展，三个国家的照护服务形式更加多元，非正式照护也被纳入了长期照护服务体系中，并且与正式照护相联结，形成了连续性的整合照护服务方案。

第一，重视非正式照护的发展。尽管上述三个国家都开展了正式照护系统，但是非正式照护仍然是照护服务供给的关键。国家需要正式照护系统来覆盖长期照护需求，以防止这些照护负担最终完全由家庭承担。非正式照护会对劳动力市场、家庭的创收能力、照护者的健康产生负面影响。然而，失能老年人更喜欢由他们的亲属和朋友提供照护。考虑到非正式照护者的经济价值，非正式照护者在一定程度上帮助正式照护系统有效地控制了成本。这种权衡表明存在着一个混合的照护系统，在这个系统中，照护责任不仅依赖于正式照护者，而且非正式照护者也为照护过程提供了支持并帮助正式照护完成工作，减轻了正式照护的负担。

第二，社区在长期照护服务供给中作为服务系统中枢，将居家照护、机构照护与非正式照护连接与整合，解决了服务供给碎片化的问题。三个国家的长期照护服务供给系统都强调社区的重要作用，社区的具体功能主要体现在三个方面。一是社区照护机构是长期照护服务供给场所，为正式照护与非正式照护提供支持。它一方面可以为失能人员提供机构内的长期照护服务，另一方面由于社区照护机构都分布在居民区，专业照护人员不仅可以方便地为在家中获取居家照护的失能老年人提供上门照护，还可以为家中非正式照护者提供上门指导和应急服务。二是三个国家都以社区为中心建立了社区照护服务体系，它有利于使老年人在其处于不同生理阶段时，都可以在熟悉的环境内接受照护。老年人的失能程度会有一个发展过程，社区照护服务体系可以实现老年人从预防性护理到重度失能的长期照护都可以在社区范围内完成，以满足老年人期望在自己熟悉环境中终老的需求。三是社区照护服务体系有利于政府、社会和家庭共同承担失能老年人的长期照护服务供给责任。社区将政府部门、营利性和非营利性组织以及家庭汇聚在失能老年人熟悉的环境中，有利于各主体以相同的目标发挥各自优势，形成长期照护服务供给的社区治理共同体。

第三，在服务供给中加强服务质量监督。在制度建立初期，为了扩大服务供给能力，试图刺激供应商进入市场，最初的准入条件较低，导致引入了一些低质量服务供给机构的现象。在三个国家的经验中，解决这个问题的方式主要有两个：一是提高准入条件，让具有更高资质的服务机构进入长期照护领域；二是允许受益人自由选择服务供给者并可以自由更换供给者。然而，通过后者来驱逐低质量机构是难以实现的，因为市场上往往没有足够的服务供给机构，并且服务供给者与受益人所掌握的关于服务质量和价格的信息是不对称的，受益人无法获得关于质量和价格的信息。此时，就需要强有力的政府监管，特别是通过持续的监督和质量保证。这促使三个国家在制定质量标准和评估程序方面加大了投入。

第四，注重预防性服务供给。预防策略是积极老龄化理论中的健康维度所强调的核心理念。在这方面，三个国家中日本的经验最为典型。日本非常重视对于体弱的老年人进行例行身体检查，这是提早评估失能风险、尽早干预的有效手段。2005 年日本对长期护理保险制度进行了改革，其重点是在长期照护服务体系发展中强化了“预防失能”的理念，让预防成为长期照护政策重点，其目的是帮助老年人不断维持生活自理能力，让他们更健康、更有尊严地生活。随着失智老年人数量的增多，在这次改革中，日本也重视了失智老年人的照护问题，加强全社会对于失智症的理解，并为失智老年人的家属提供帮助。

第五，三个国家在长期护理保险制度立法之前都允许一个“准备”阶段，有利于为制度正式运行储备服务供给者。在这个阶段，可以培训正式照护者并建立能够满足基本需求的服务供给者市场。例如，日本的黄金计划就是在地方层面开展的长期护理保险制度的“准备工作”。一方面，增加了服务供给者的数量；另一方面，这个项目置于地方政府的权力之下，更加灵活和可行。即使在经过了这个“准备阶段”后，在总体的长期照护服务供给水平基本满意的情况下，不同城市之间服务供给者的可用性也可能会存在较大差异，甚至有些城市完全缺乏长期照护服务供给者。荷兰和德国解决这个问题的方式都是支持非正式照护者，特别是严重缺乏正式照护的城市。德国的目标是通过提供现金福利和免费长期照护服务培训课程，以及为每周护理超过 14 小时的非正式照护者支付国家养老保险来加强非正式照护的激励机制。

6.4.3 保障维度：三个国家筹资模式对我国的启示

拥有社会保险的国家可能会倾向于长期护理社会保险这种机制。第一，各国都较为熟悉社会保险的运行机制，这种机制通常在医疗服务中提供资金，而且其基本架构都已经建立。第二，专项筹资、专项使用，增加了引入这项计划的可行性。第三，将资金从更大的政府预算中分离意味着长期护理保险的融资不会与其他优先项目产生直接的冲突，如军事、教育、基础设施投资等领域。

尽管三个国家都是社会保险型的长期护理保险制度，但是社会保险不是唯一的模式，三个国家都是以长期护理保险作为基础制度，采取了多种方式对其进行了补充。首先，通过税收为失业者、学生和低收入者承担社会责任，以此增加社会公平。这些税收收入可以通过地方税或一般收入来筹集，这主要取决于各国地方政府的行政和财政能力。其次，受益者个人承担相应的责任，自付一部分费用可以有效抑制道德风险和防止过度使用服务。对于低收入的受益者而言，这些付款通常会被免除。最后，发展商业长期护理保险。德国在私人长期护理保险的发展经验方面最为典型。德国直接将私人长期护理保险作为长期护理保险体系的一部分，通过法律规定了一部分群体必须参与私人长期护理保险，这为不同群体的不同长期照护需求提供了更有弹性的选择空间。

第7章　中国长期护理保险制度的推进策略

政策试点在推动中国经济社会发展以及政策和制度创新中发挥着独特的优势。这个过程不仅是新政策逐渐具体化、细致化、成熟化的过程，而且是新政策不断吸取经验并“纠错”的过程（张勇杰，2017）。在长期护理保险政策试点阶段，总体来看，尽管积极应对人口老龄化已上升为国家战略，但积极老龄化的发展举措在试点城市长期护理保险政策实践方面都较为缺乏。

为了加快发展长期护理保险制度，中国政府需要针对试点城市长期护理保险政策存在的问题，以关注失能老年人的生命历程、对失能老年人权利的承认、多部门和代际间通力合作为理论基础，借鉴发达国家的实践经验，遵循长期护理保险制度的基本原则，在参与、健康和保障三个支柱维度设计具体的政策方案。参与维度的核心是维护失能老年人获得长期护理保险制度保障的权利，主张失能老年人能够参与为其提供的长期照护服务。健康维度强调的是为失能老年人提供高质量、适宜且可及的长期照护服务，满足老年人在其失能过程中的需要和权利。保障维度强调的是长期护理保险政策的社会保障功能，主要是解决失能老年人长期照护服务的费用问题。鉴于此，本章基于试点城市长期护理保险政策存在的主要问题、积极老龄化的理论基础以及国际经验，尝试从长期护理保险制度需要遵循的基本原则和积极老龄化三支柱——参与、健康和保障三个维度，为推动中国长期护理保险制度发展提出政策建议。

7.1　长期护理保险制度的基本原则

政策科学的奠基人拉斯韦尔与丹尼尔·勒纳在政策科学创立时就提

出，政策科学的研究方法不仅要强调基本问题和分析模型，还要在相当大的程度上澄清政策中的价值目标（王庆华，2010）。蒂特姆斯认为积极社会政策的一个极为显著的特点是从不讳言自己的“价值立场”（林闽钢，2019）。因此，只有明确长期护理保险政策应符合的价值取向，才能保证在政策制定、实施、评价和修订过程中，能够始终把握核心价值，以确保政策目标的最终实现。

“分配正义是人类在分配物质财富、政治权利、义务、幸福、发展机会等社会资源的活动中致力于实现的最高价值目标，它意指社会资源在社会成员中间的分配应该最大限度地体现公正性。”[①] 正如姚大志（2011）所言，分配正义的实质是社会通过正义的制度和政策来分配收入、机会和各种资源，以帮助那些迫切需要社会正义来帮助的人（弱势群体）。“积极老龄化”是世界卫生组织在综合人口发展形势和人类社会发展趋势的背景下提出的积极而全面的人口应对策略，究其根本，它是回答了“应当”和“应为”的问题，即如何设计顺应社会发展趋势的老龄政策方案（或政策改革）来实现社会资源在老年人口中的公正分配。在此意义上，基于积极老龄化理论指导而构建的长期护理保险政策的实质就是通过正义的政策来实现各种机会、社会资源在迫切需要社会正义的失能老年人口中的公正分配。

任何一项具有内在公正性的制度或政策，都必须遵循普遍有效的分配正义原则来指导它的设计和安排（向玉乔，2013）。在分配正义原则的研究方面，不同学者提出了不同的看法，吉尔伯特与特雷尔通过分析美国的公共救助政策，提出了社会正义所包含的三个原则：平等、公平和适当性（吉尔伯特和特雷尔，2013）。易小明（2015）认为人类历史上的大多正义理论都可以从差异性正义原则与同一性原则两个方面进行理解，其中差异性原则是指不同的人因某些被认可的差异而得到不同的对待；同一性原则是指人们因某些被共同的认可而得到相同的对待。姚大志（2014）通过分析沃尔策的著述，总结了平等、需要和应得三个分配正义的原则。向玉乔（2013）认为分配正义普遍有效的原则主要有：机会平等原则、利益与责任同等分配原则、分配标准和程序合理原则、纠正不公原则。在上述研究中，向玉乔教授提出的四个分配正义原

① 向玉乔：《社会制度实现分配正义的基本原则及价值维度》，载于《中国社会科学》2013 年第 3 期。

则具有高度的综合性、全面性和普遍性，对于指导长期护理保险政策设计和安排具有重要的借鉴意义。鉴于此，本书借鉴向玉乔教授提出的四个分配正义原则，具体阐述长期护理保险政策应遵循的基本原则。

7.1.1 机会平等原则

机会平等就是参与权利的平等（潘锦棠和张燕，2015）。在政策设计方面，机会平等原则的核心在于：每一个社会成员参与社会资源分配的机会应该是平等的，这种平等性在政策方案的设计中应得到充分认可、尊重和保护，它不会因为社会成员的各种差异而遭到政策的否定、蔑视和损害（向玉乔，2013）。在积极老龄化理论指导下构建的长期护理保险政策是为实现失能老年人的参与、健康和保障而提供的各种获取相应资源的机会。获取资源的机会是失能老年人获得相关福利待遇的前提条件，如果失能老年人不具有获取资源的平等身份和地位，那么便失去了获取资源的资格，导致权利的丧失。因此，保障每一位失能老年人都拥有平等的机会去获取福利资源，应该是长期护理保险政策首先遵循的原则，这为长期护理保险制度进行社会资源的分配提供了合理的逻辑起点。

7.1.2 利益与责任同等分配原则

在遵循机会平等原则的前提下，长期护理保险政策具有了资源分配的逻辑起点，但如果长期护理保险政策不对资源分配的内容作出明确规定，失能老年人所拥有的获取福利待遇的资格是无法落实的。因此，我们需要进一步明确资源分配内容的原则来指导长期护理保险政策的方案设计。利益与责任同等分配原则就是实现这一目的的分配原则，也就是我们通常所说的权利与义务对等，它是指“政策在分配利益的同时也要把相应的责任同等地分配给利益享有者，绝不允许任何只享受权利不承担义务的特权成员出现”（向玉乔，2013）。约翰·罗尔斯（2009）也曾提出，正义的制度可以通过两个方面来体现：一是在分配基本权利和义务时，没有在个体之间作出任何任意的区分；二是规范能够使社会生活利益之间的冲突达到一种恰当的平衡。在长期护理保险政策领域，利益（权利）主要指失能老年人所获取的参与、健康和保障的资源，如长期照护服务、高龄护理补贴、老年人教育课程等；责任（义务）主要是指失能老年人为获得利益所不得不承担的东西，如长期护理保险缴费、纳税等。需要说明的是，利益与责任同等分配原则是指生存权以上的个人自我责任（仇叶和贺雪峰，2017），而对于政策内的失能老年人①，更多强调对其生存权利的绝对保障。

7.1.3　分配标准和程序合理原则

长期护理保险政策在明确了分配的逻辑起点、分配内容的原则后，还需要进一步确定合理的资源分配标准和程序，以确保利益和责任在失能老年人中实现公正分配。因此，我们需要将政策置于分配标准和程序合理原则之下。这一原则的要求是：在分配同一种社会资源时，分配的标准和程序必须是合理的，任何社会成员都不能拥有超越合理分配标准和程序的特权（向玉乔，2013）。在长期护理保险政策领域，分配标准是指为失能老年人提供相应福利待遇所依据的准则，即失能认定评估标准。分配程序是指失能老年人从申请到资源获取全过程的具体操作规程，主要包括失能申请程序、失能认定程序、长期照护服务供给程序等。合理的长期护理保险政策的分配标准和程序，需要至少符合以下三个特征：第一，必须通过集体行为来确定；第二，必须是明确且统一的；第三，必须是向所有社会成员公开的，需要经得起质疑和批评（向玉乔，2013）。

7.1.4　纠正不公原则

从理论上看，遵循上述三个原则而制定的政策可以认为是正义的政策，然而在现实中，政策会随着社会的发展而逐渐显现出缺陷与不完善。纠正不公原则是一种预防性或补救性措施，该原则能够有效防止或修正因政策本身的漏洞、政策执行不力、政策意愿被违背等情况而导致的分配不公（向玉乔，2013）。在长期护理保险政策领域，纠正不公原

① 政策内的特殊老年人主要包括孤老优抚对象、“五保”老人、“三无”老人、低收入老人和经济困难的失能半失能老年人。

则的具体实现路径主要是对政策的评估，这将促使相关部门不断地审视长期护理保险政策本身存在的问题、及时发现政策在执行过程中遇到的难题与困境，进而采取相应的解决措施，以促进长期护理保险政策的可持续发展。

综合来看，上述四个原则共同构成了分配正义的原则体系，它们之间是连续的、系统的，彼此之间相互依赖、相辅相成。在长期护理保险政策中，机会平等原则是其逻辑起点，是保证失能老年人获得参与、健康和保障的平等机会的最基本的公正性；利益与责任同等分配原则是长期护理保险政策的分配内容，即失能老年人在获得利益的同时也应承担相应的责任；分配标准和程序合理原则是长期护理保险政策的操作规则，其根本目的是通过集体制定统一而公开的规则，维护每一位失能老年人的分配利益；纠正不公原则，促进长期护理保险政策的不断修正与完善，进而促使其可持续发展。

7.2　参与维度：完善失能评估体系、维护老年人社会参与权利

积极老龄化理论中的参与维度强调要充分维护老年人参与社会经济文化生活的权利，以促进老年群体为社会继续做出生产性贡献。失能老年群体失去了生活自理能力也就意味着失去了独立参与社会经济文化生活的能力，但是这并不意味着他们失去了社会参与的机会与权利。长期护理保险制度参与维度的核心就是承认并确保失能老年人拥有获得长期护理保险制度保障的资格，为失能老年人独立自主地参与社会生活以及愿意参与长期照护服务供给的老年服务提供者提供机会与路径。在具体的推进策略中，第一，承认并确保失能老年人拥有获得长期护理保险制度保障的资格需要以完善的失能评估体系作为基础①；第二，获得长期照护服务是失能老年人日常生活的重要组成部分，维护失能老年人自主

① 承认并确保失能老年人拥有获得长期护理保险制度保障的资格涉及覆盖范围和保障范围两个方面的内容。根据利益与责任同等分配原则，长期护理保险制度的覆盖范围与缴费主体范围密切相关。因此，关于如何扩大覆盖范围的对策建议在7.4节中一起提出。本部分主要阐述关于保障范围的建议。

选择照护服务内容与形式的权利是其独立自主地参与社会生活的重要形式，是长期护理保险制度应有的内容；第三，在老年人群体中，除了失能老年人是长期照护服务的参与者，还有部分身体健康、乐于奉献、愿意参与长期照护服务供给中的老年服务提供者。成为一名老年护理人员是老年人参与社会经济文化生活的重要形式，老年护理员也应是长期护理保险制度支持的对象。鉴于此，参与维度将从上述三个层面来提出具体的推进建议。

7.2.1　完善失能评估体系

承认并确保失能老年人拥有获得长期护理保险制度保障的资格需要以完善的失能评估体系作为基础。失能评估工具作为判定福利申请者能否享受长期护理保险待遇给付的标尺，评估主体作为福利申请者失能等级的判定者，二者共同决定了保障对象的范围。目前我国试点城市使用的失能评估工具结构较为简单、失能等级设定较为粗略、缺少需求评估，导致评估结果不能准确反映老年人实际的身体状况、城市之间的不平等以及排斥了一些评估工具未涉及但又需要长期照护服务的老年人。失能评定主体层面缺少统一、独立、专业的失能等级评定机构，导致难以保证评定结果的公正性、科学性与可靠性。为了解决上述问题，维护失能老年人长期护理保险制度保障权利，在借鉴荷兰、德国和日本三个国家实践经验的基础上，我国完善失能评估体系的具体策略可以总结为以下四个方面。

一是完善失能评估工具，将心智状况的评估和需求评估纳入评估系统。中国目前所使用的失能评估工具只能被称为失能认定评估工具，它的功能是衡量申请人是否符合待遇给付的标准，缺少对申请人心智状况的专业评估，以及对申请人已经具有的照护资源以及自身需求的衡量指标。其完善策略是：第一，将心智状况的评估纳入指标体系，保障失智老年人获得长期护理保险制度待遇给付的权利；第二，重视需求评估的重要性，将需求评估纳入失能评估指标体系，通过对失能老年人需求作出准确评估和识别的基础上，对失能老年人所需的服务及其程度做出客观评估，为找到长期照护服务供给与失能老年人需求、身体状态之间的最佳匹配提供科学建议。

二是我国要突破现有依赖于国外失能评估指标体系的现状，构建符合中国国情的综合性失能评估指标体系。目前大部分试点城市使用的失能评估体系主要来源于西方国家，该体系是基于西方国家老年人的实际情况制定的，在实际运用中并未考虑中国老年人在生活习惯、文化素养、理解能力等方面与西方国家老年人存在的差异，从而导致很多评估内容的不适用。因此，中国亟待鼓励试点城市在借鉴世界先进综合性失能评估工具（如 interRAI）的基础上，积极探索和开发符合中国老年人实际情况的失能评估工具，尽早构建符合中国老年人的综合性失能评估指标体系。

三是试点城市尽快统一失能认定标准。现阶段不同试点城市在失能认定标准方面存在的较大差异，导致同样的评估结果在不同城市会获得不同的待遇给付，造成了城市之间的不公平。在国家层面构建长期护理保险制度的重要作用之一就是消除城市之间的不平等，保障失能老年人平等地享有长期护理保险制度保障的权益。因此，国家在完善失能评估工具的过程中，要督促试点城市尽快统一失能认定标准，以消除具有相同失能评定结果的保障对象由于所在城市不同导致待遇给付差异而造成城市之间不公平的现象。

四是建立国家层面的具有独立性的失能评估机构，培养专业的评估人员。国家在完善失能评估工具、制定全国统一的评估标准的同时，还需要组建独立而专业的失能评估机构与培养专业的评估人才以开展具体的评估工作。具体来看，一方面，国家层面可以设立失能评估中心，它是独立于政府和长期照护机构的组织，各地方政府可以设立分支机构负责失能评估与认定；另一方面，国家要加强评估人员的培养与监管，既要通过培训不断提高评估人员的专业水平，也要规范评估过程、制定评估人员资质标准，加强评估过程的监督和评估人员资格的审查，避免因操作不规范、评估人员不符合资质而导致的评估结果与失能老年人身体状况和需求不相符的情况。

7.2.2 扩大失能老年人自主选择福利内容的权利

失能老年人参与为其提供的长期照护服务是失能老年人参与社会生活的重要形式。在此过程中，失能老年人拥有自主选择福利供给内容的权利。从我国试点城市长期护理保险政策实践来看，失能老年人可以选择机构照护或居家照护服务形式，但无法选择由谁来提供服务和以什么方式提供服务，在服务供给过程中失能老年人是被动接受者，丧失了自主选择的机会。其造成的后果是，一方面难以从服务选择者的角度对长期照护服务质量进行监督；另一方面导致长期照护资源分配错位，进而造成了资源的浪费。

现阶段，由于中国长期护理保险制度还处于探索阶段，其福利供给内容与形式种类较少，因失能老年人无法自主选择福利供给内容与形式而导致的矛盾冲突还不强烈。但是随着老年长期照护服务需求的不断增多、长期护理保险制度的逐步完善，老年长期照护福利形式和内容将更加丰富与多样，届时失能老年人拥有自由选择的权利将尤为重要。中国正处于长期护理保险制度建设期，要将充分尊重与维护失能老年人自主选择的权利纳入制度内容中，逐步扩大自主选择内容的范围，允许失能老年人可以自主选择服务形式、服务提供者以及现金补贴如何使用等内容。构建从需求表达、资源选择到效果评价的全过程自主表达机制，以确保失能老年人真正参与为其提供的长期照护服务过程。

7.2.3　政策性支持老年人参与长期照护服务供给

现阶段，中国积极应对人口老龄化的政策更侧重于对健康政策、保障政策的推进，而忽视了老年人参与社会经济、文化和精神活动的重要性。从人力资源角度来看，低龄老年人一般都具有继续进行生产性活动的能力。退休是一个社会角色转换的重要标志，它标志着一个人逐渐脱离生产性活动而逐步走出职业角色，导致职业认同感和工作独立性的逐步丧失，由此被视为一种人生危机（陈际华，2020）。然而，大多数达到退休年龄的人群仍具有健康的身体、充沛的精力，可以继续开展生产性工作。从社会参与对老年人健康的影响来看，社会活动参与对于老年人具有显著而稳定的失能预防作用，特别是对于老年人工具性失能具有更加显著和积极的预防作用（胡宏伟等，2017）。

鉴于上述内容，在长期护理保险制度的“参与”维度推进路径中，需要重视老年人参与社会经济、文化和精神活动的重要性，为其提供政策性支持。首先，加快推进延迟退休制度建设，一方面鼓励老年人更多参与社会经济活动；另一方面也可以提高老年人收入水平，增强应对风险能力。其次，促进老年人就业制度建设，可以通过有偿的方式充分调动具有照护能力的已退休或农村中不参与农务劳作的健康老年人加入长期照护服务人员队伍。再次，创新发展时间银行制度，倡导低龄健康老人担任志愿者，向高龄老人提供照护，累计存档的服务时间可以用来换取自己今后需要的照护服务（陈际华，2020）。目前中国已有多个城市开展了时间银行实践，从其本质来看，时间银行是一种劳动成果代际接力的互助照护模式，具有推广价值。最后，为失能失智老年人提供参与社会文化活动的平台，借助互联网资源，辅助失能失智老年人参与健康讲座、老年教育课程、社区活动、康复训练等社会文化活动，加强自我照护能力，以保持其身心的稳定。

7.3 健康维度：发展在地化的整合照护服务体系

现阶段中国还处于长期照护服务体系构建初期，需要充分利用现有资源，在借助社会养老服务体系已形成的服务输送格局的基础上逐步推进。针对目前试点中存在的问题，鉴于国外长期照护服务体系的发展经验以及我国长期照护服务供给与输送系统实践，本书认为，中国亟须构建在地化的整合照护服务体系。

7.3.1 在地老化：推进社区照护服务体系的建设与发展

在地老化，即失能老年人在自己熟悉的社区内“就地老化”。基于失能老年人对生活在熟悉环境的需求、在地老化较低的成本、可以应对持续增长的长期照护需求以及长期照护服务高效、可及的输送特征等优势，围绕社区开展的长期照护服务供给已成为发达国家的普遍实践（孙建娥和张志雄，2016）。正如吉尔伯特和特雷尔（2013）在讨论福利输送系统的相关问题时，将福利输送的发生地默认为地方社区。社区已成为发达国家开展长期照护服务的核心，它是福利供给者与接受者都会出现的地方。在中国，社区是社会养老服务体系的依托，然而由于“依托”一词的含义模糊且难以量化，导致近些年在社区内建立的日间照料中心、农村幸福院等设施功能定位不明确，护理人员缺乏，所建设的养老床位大多空置，造成了大量的公共资源浪费的现实。事实上，在社区内（包括居住在家中）获得长期照护服务是中国失能老年人的最优选择。根据《中国城乡老年人生活状况调查报告（2018）》发布的数据显示，城市失能老年人和农村失能老年人希望在熟悉的环境中接受长期照护服务的比例分别是87.7%和92.1%（党俊武，2018）。失能老年人希望在社区内获得照护的期望与社区照护资源大量空置现象之间的矛盾，主要在于现有的社区照护资源不适合失能老年人在地老化的需求，需要重新规划与构建。以失能老年人为中心的社区照护体系的目标是生活自理程度从高到低的老年人，在其晚年生活的不同阶段所需的所有服务都可以在社区内得到满足（杨团，2016）。发达国家的成功经验对于中国发展在地化的照护服务体系具有一定的借鉴意义，在此启示下的具体推进策略可以总结为以下三个方面。

首先是赋权社区，强化社区的基本公共服务职能。第一，鼓励社区参与长期照护服务体系的规划。社区根据其所具有的社区资源、服务对象基本情况，以失能老年人最便捷地获取长期照护服务为出发点，为在地化长期照护服务体系建设提出可行的建议。第二，以社区为单位构建长期照护服务平台，将长期照护资源汇集至地方社区之中。具体来看，一方面，社区长期照护服务平台的构建可以依托现有的日间照料中心、社区服务站和社区服务中心，将其进行部分设施改造，如增加护理型床位的比例、增加康复训练的设备等；另一方面，鼓励专业长期照护服务机构建设在人口较为密集的社区内。社区照护服务机构兼具了便捷与专业的优势，一是将机构照护与社区照护紧密结合，二是机构内的专业照护服务人员也可以及时为有居家照护需求的失能老年人提供服务，通过这种方式将机构照护、社区照护和居家照护通过社区照护机构专业平台相互连接。

其次是大力培育非营利组织，增强社区照护组织活力。社区照护组织发展滞后是导致在地化照护服务体系发展迟缓的重要原因之一。第一，社区照护组织的培育需要政府加强与多方的协作，建立与非营利组织合作共治机制，将部分服务输送转移至社区照护组织，共同推进在地化长期照护服务体系发展；第二，制定相关法律法规，促使社区照护组织运作的合法化和制度化；第三，承认非营利组织的独立性，建立独立的注册与监督体系，简化登记注册手续；第四，建立税收优惠、金融支持等激励机制，并通过财政投入扶持非营利组织的发展。

最后是不断完善政府购买长期照护服务制度。中国的社区照护组织发展水平呈现出城市间的差异，总体上政府购买公共服务机制还处于发展初期。中国要基于不同城市之间发展不平衡的现实情况，制定适宜中国的发展模式。对于社区照护组织数量较少的城市，现阶段，政府购买长期照护服务模式的主要功能是鼓励与支持更多的社会组织加入社区照护服务供给。而对于社区照护组织发展较好的城市，则可以通过竞标的形式、标准化建设和质量监督等方式提高以社区为基础的长期照护服务质量。

7.3.2 整合照护：构建基于生命历程的跨部门服务供给机制

在明确了以社区为基础布局长期照护服务资源的前提下，我们需要进一步明确长期照护服务的供给机制。目前我国的长期照护服务体系是以失能老年人获取照护服务的场所作为长期照护服务类型的划分标准，而不是基于不同年龄、不同失能程度的失能老年人的需求，这导致了长期照护体系的碎片化现状（唐咏，2012），造成了部门之间难以协作、无法在失能老年人的生命历程过程中开展连续的照护服务。基于积极老龄化的理论视角，结合发达国家的实践经验，整合照护是中国解决上述问题的应对策略。整合照护是以失能老年人为中心，将组织、资金、服务和服务提供者等资源联合或协调起来，为服务对象提供连续、高效、可及、高质量的长期照护服务（胡宏伟等，2017）。

从国际视野来看，整合照护是发达国家积极应对人口老龄化和慢性疾病挑战的重要策略（李海荣和李兵，2017）。其核心是以服务对象为中心，通过一种结构化的努力，为通过部门内或跨部门的两个或多个沟通良好且协作的照护提供者提供协调、积极、以人为中心的多学科护理（Leijten et al.，2017），进而提供连续的、高质量的长期照护（Godlee，2012）。世界卫生组织于 2019 年发布了《老年人整合照护（ICOPE）：针对老年人内在能力减退的社区干预措施指南》的中译本，该指南的目的是在基层保健层面制定一套综合的、以社区为基础的方法以及实施干预措施，以防止老年期能力下降。其中的相关标准可以作为国家指南的基础，并遵循以失能老年人为中心的整合方法将老年人卫生保健服务纳入基层保健计划中。中国实施的医养结合政策就是向整合照护方向发展的重要实践。构建中国的整合照护模式需要关注以下三个方面。

第一，以失能老年人为中心，遵循生命历程理念，关注失能老年人的整个生命历程。以失能老年人为中心强调的是“全人”的理念，即从单一的应对失能问题的长期照护服务转向满足失能老年人多元、复杂、个性化、连续的多维度照护需求，根据老年人的需求来动态规划长期照护资源。其核心是基于生命历程的视角，一方面，需要关注失能老年人的经历、需求和偏好，通过了解失能老年人的过往经历可以全面审视失能形成的原因及其个性化的需求和偏好；另一方面，整合照护必须关注个体的日常生活，既包括他们的亲人也包括那些生活在相同社区、出现在他们生活中的人。

第二，开展跨部门合作，整合长期照护环节，构建从预防到健康促进的连续的照护服务体系。一是打通部门之间的屏障，构建跨部门的整合照护路径，促进医疗健康系统与社会服务体系（生活照料、教育、住房服务等）相联结。二是整合照护从预防开始，即通过对老年人生命历程的关注，可以有效评估老年人失能以及患病的风险程度，并对其进行提前干预，有助于推迟或减轻老年人失能、患病的时间和程度。在诊断、治疗、照护、康复和健康促进的过程中，需要基于失能老年人个体的需求，提供针对性的照护服务。

第三，建立评估老年人的需要和下降的身体机能和脑力的综合评估体系，并据此制定照护目标和包含多种干预的照护计划。具体来看，有效干预措施需要对失能老年人进行综合评估，其内容主要包括内在能力，可能在未来会影响老年人内在能力的疾病、损伤、行为和其他潜在风险，以及老年人所处的环境。该评估对于制定照护目标和制订照护计划至关重要。通过评估以及照护目标、计划的制定，可将失能老年人的照护服务“标准化”，即不同的照护服务者根据评估结果和照护计划提供照护服务。其优势在于，一方面有利于将不同照护服务提供者围绕照护目标统一起来，有助于彼此之间的相互配合；另一方面根据目标和计划，有助于对长期照护服务进行监督和评价。

7.3.3 培养服务提供者：促进正式照护与非正式照护相结合

在地化整合照护服务体系的构建与发展是以一定数量的服务提供者为基础的，其服务人员的结构特征直接影响长期照护服务供给的质量。按照服务人员的专业程度以及是否收取服务费用进行分类，可以将长期照护服务人员分为正式照护者（具有专业资质，收取服务费）和非正式照护者（不具有专业资质，一般不收费）。由于长期照护服务所具有的情感性、重视主观感受性、专业性等特征决定了其供给任务是单一服务提供者难以胜任的，需要多元供给主体的介入（刘涛，2016），因此，培养服务提供者需要通过促进正式照护与非正式照护相结合的方式以实现多种类型的服务人员共同承担长护服务供给责任。其推进路径可以总结为以下三点。

第一，建立非正式照护支持政策，将非正式照护者纳入长期照护服务福利输送系统，使其成为长期照护服务福利供给的职能主体。从国际视野来看，支持非正式照护者已成为发达国家长期照护制度的新趋势（李俊，2018），其部分经验值得我国借鉴。德国非正式照护支持政策的经验主要体现在非正式照护的有偿化，其对中国的启示可以总结为三点：一是向非正式家庭护理人提供不限制用途、不需要纳税的现金支持；二是为满足条件的家庭护理人缴纳养老保险金，其资金来源于护理保险基金；三是颁布多项弹性工作的请假制度（郝君富和李心愉，2014），方便家庭护理人为家中的失能老年人提供服务。除此之外，还可以对非正式照护者提供服务支持，以缓解非正式照护者的照护压力并解决其在照护过程中遇到的问题。一是向非正式照护者提供服务信息，鼓励非正式照护者参与个人和组织性的活动，如健康知识课堂、公共教育课程等；二是为非正式照护者提供其所在社区的长期照护资源信息，以协助非正式照护者获得相应资源的支持；三是为非正式照护者提供照护培训，以提高非正式照护者的决策能力并解决其在照护服务过程中遇到的问题；四是在非正式照护者无法为失能老年人提供服务时，需要向非正式照护者提供临时救助，帮助其临时看护失能老年人。

第二，积极培育专业长期照护服务人才，发展长护服务供给的志愿者队伍。一方面，专业长期照护服务供给不足是中国老年长期照护领域面临的突出问题，其中，专业照护人才的缺乏是导致该问题的重要原因，政府需要加强人才培养力度，具体建议如下。一是将长期照护人力资源培养作为国家层面的重点规划，可将其纳入国家就业培训政策，基础培训费用由政府全部承担。二是建立长期照护服务人员培养体系，针对专科、本科层次的职业教育，需要加大招生宣传力度，制定包括专业教育、职业规划、入职培训、在岗培训全过程的培养方案，并为护理专业毕业生的定向就业提供政策支持，为毕业生到专业的长期照护机构就业开通绿色通道。三是营造积极的社会舆论氛围，提高全社会对长护人员的尊重程度。长期照护服务的工作性质决定了长期照护服务人员需要具有较强的奉献精神。如果长期照护服务工作得不到社会的尊重，那么必然会降低服务提供者的工作积极性。四是提高长期照护服务人员的薪酬待遇和福利水平。长期照护工作薪资待遇和福利水平较低是导致照护人员缺乏的重要原因。政府要鼓励并支持照护机构提高工作人员的薪酬待遇，保障长期照护服务人员的社会保险权益。五是发展长期照护服务供给的志愿者队伍，将志愿者队伍具备的公共精神与其所独有的“志愿利他”的道德角色融入现有的长期照护服务制度。充分发挥志愿部门在提供专业而灵活的服务方面的优势，并对志愿者队伍参与服务的形式和内容进行规范。

第三，加强正式照护与非正式照护之间的联结与合作。在地化整合照护服务体系一方面为正式照护与非正式照护之间的协作创造了基础条件，另一方面两种照护形式的联结有助于在地化整合照护服务体系的可持续推进。正式照护与非正式照护之间的联结模式是以不同城市失能老年人及其家人的长期照护需求与养老观念为基础构建的。在中国，子女赡养父母、晚辈照顾长辈，既是应尽的家庭伦理义务，也是对我国儒家孝道文化与尊老敬老美德的传承与弘扬。因此，以家庭照护为主的非正式照护在中国仍处于基础性地位，政府对于非正式照护者提供的照护服务应给予充分的尊重与支持。随着生活质量、医疗条件、照护水平的逐渐提高，失能老年人对专业照护服务的需求也将随之增加，进而促使正式照护从补充非正式照护服务不足的辅助地位发展成为重要的照护形式，与非正式照护服务相互联结与配合，成为非正式照护服务的合作者。由此便形成了正式照护服务者、非正式照护服务者、失能老年人的“三角照护”关系。其中，正式照护者的角色更多的是专业服务的供给者以及基于专业视角的家庭照护与专业照护之间的管理者与协调者。在中国社区照护、居家照护发展迟缓的背景下，需要大力支持长期照护服务定点机构在提供机构照护的同时发展居家照护，以促使专业照护人员与非正式照护者相联结，为居住在家的失能老年人提供正式照护服务。

7.4 保障维度：推进多层次长期护理保障制度体系的构建

保障维度的主要功能是要解决失能老年人长期照护服务费用如何筹集的问题，其筹资模式决定了资金来源与规模，是影响长期护理保险制度能否长期运营的重要因素。不同的筹资模式不仅体现了不同的资金来源渠道，还反映出该模式下国家、社会、市场与个人的筹资责任。在筹资制度构建方面，不同试点城市的长期护理保险政策在缴费主体与缴费比例等方面存在较大差异，构建可推广的、国家层面的长期护理保险制度仍面临诸多困境。

从国际经验来看，长期护理保险制度在分担社会风险、缓解政府财政压力与家庭负担方面有积极影响。尽管不同国家的长期护理保险制度筹资方式也各不相同，但总体上都是以社会保险模式为主，其他筹资方式作为补充。例如，以长期护理社会保险制度为主要筹资主体的德国，除了长期护理社会保险筹资制度外，还增加了长期护理商业保险和长期护理补充保险（刘芳，2018）。采取多种筹资形式的主要原因是通过调动市场、社会、个人与国家共同的筹资责任，可以有效减轻单一筹资主体的筹资压力，以确保长期护理保险制度资金来源的稳定性和可持续性。

在中国，自社会保险制度建立以来，社会保障的覆盖范围逐步扩大，人人共享发展的理念逐步实现。2016 年中国政府获得“国际社会保障协会社会保障杰出成就奖”，以表彰中国在扩大社会保障覆盖范围工作中取得的卓越成就。而这一成就得益于以社会保险项目为主、以非缴费项目和储蓄相互协调来补充的多种形式共存的筹资模式[①]。由此可见，以社会保险项目为核心的社会保障体系在中国切实可行，并且中国实践已获得了国际社会的广泛赞誉。从发达国家长期护理保险制度的筹资经验、国内长期护理保险政策的实践以及中国已具备的多层次筹资环境来看，中国建立由长期护理社会保险、长期照护补贴制度以及长期护理商业保险共同构成的多层次长期护理保障制度体系已成为必然选择。

7.4.1 长期护理社会保险制度的推进路径

长期护理社会保险制度是政府主导的强制性社会保险。根据国内试点城市的实践现状与国际经验，建议实施渐进式的发展战略，即采取分阶段、逐步发展的策略来推进长期护理社会保险制度。

1. 制度初创期：依附于医疗保险制度，实现“低水平、广覆盖”

制度初创期的主要任务是通过诱导性机制提高社会成员对长期护理社会保险的认知程度，进而增强参保意识，以此来扩大长期护理社会保险制度的覆盖范围。诱导机制的核心是通过个人或其家庭以外的主体来承担每位失能老年人的长期照护成本（曹信邦，2016），以此来吸引社会成员参保。这一时期可以通过以下两个方面的策略实现收支平衡。

一方面，从保障范围与资金来源的角度看，长期护理社会保险依托于医疗保险，将参加医疗保险的参保人（城镇职工医疗保险的参保者＋城乡居民医疗保险的参保者）强制性纳入长期护理社会保险的范围，即长期护理社会保险的参保范围与医疗保险的参保范围同步。长期护理社会保险与医疗保险绑定具有一定的合理性。第一，在长期护理保险制度试点之前，发生在医疗机构中的部分医疗护理属于医疗保险制度保障的范围，所以从保障内容来看二者有交叉；第二，长期护理保险与医疗保险绑定更有利于之后的分离，因为绑定之后二者的保障内容就会有明确的划分，将原先由医疗保险负责的医疗护理划入长期护理保险中，从而避免了长期护理保险与医疗保险之间由于保障内容划定不清晰而导致的重复性支付问题。其优势体现在两方面：一是有助于在短时间内扩大长

① 中国政府网．中国政府获“国际社会保障协会社会保障杰出成就奖”[EB/OL]．(2016－11－18)[2020－04－19]．http：//www.gov.cn/xinwen/2016－11/18/content_5134315.htm.

期护理保险的覆盖面；二是在医疗机构发生的医疗护理费用可以直接通过长期护理社会保险结算，在制度建立初期可节约人力物力成本。在长期护理保险依托于医疗保险时期，其资金主要来源于医疗保险结余基金、福利彩票收入和政府补贴，个人和单位暂且不需要缴纳额外的保险费，否则会影响参保的积极性。因此，此时期的长期护理保险也可以称为医疗护理保险。当医疗护理保险收不抵支时，由政府财政弥补资金缺口。

另一方面，在待遇给付范围与标准方面，需要严格控制保障对象范围。制度建立初期，由于受到各种资源的限制，能够获得待遇给付的保障对象需要控制在该时期能力所及的范围，即保证长期照护福利资源可以满足保障对象的基本需要。可以将年龄（如 60 周岁及以上）、待遇给付内容（必要的照护服务）、失能程度（如重度失能）等方面作为主要的限制条件。需要注意的是，对于在制度之前已经失能的老年人，只要符合待遇给付条件，即使没有参保也应给予相应的待遇给付，所产生的费用相当于转制成本，需要由政府承担。除了限制保障范围之外，还要对待遇给付标准进行控制，由于福利刚性的存在，制度建立初期的待遇给付标准应设定在较低的范围。根据试点城市的经验，制度初期可以将待遇给付标准定为实际支付额的 60% ~70% 。

2. 制度发展期：独立建制，实现“较高水平、广覆盖”

制度建立初期的目标是提高社会成员对长期护理保险的认可度，增强社会成员的参保意识。但是，制度建立初期财务难以达到收支平衡，进而无法实现制度的可持续。制度发展期的主要任务就是将长期护理保险从医疗保险中脱离出来，独立建制，实现长期护理保险制度财务运行的独立核算。此阶段的具体策略可以总结为两个方面。

第一，构建独立的长期护理社会保险制度，资金来源、财务运行、财务核算系统完全独立。长期依附于医疗保险制度，对于医疗体系而言，既无法解决失能老年人长期占用医疗资源而导致“社会性住院”的问题，又会进一步加重医疗保险基金的支付压力。因此，在实现提高社会成员参加长期护理保险的认同度的目标后，需要尽快将长期护理保险制度与医疗保险制度分离，以减少两者之间相互挤压现象的发生。独立建制的首要任务是要明确独立的资金来源渠道。作为一项社会保险制度，长期护理保险需要遵循社会互助共济的原则、遵守《中华人民共和国社会保险法》的相关规定，明确个人、单位的缴费义务。对于城镇职工而言，需要雇员和雇主共同缴费。然而，由于目前中国社会保险总体缴费率还处于较高水平，雇主和雇员的缴费压力较大。在此情况下，需要适当降低其他社会保险缴费率，通过结构性调整来征收长期护理保险费。对于城乡居民而言，独立建制初期，政府需要划拨一部分启动资金给予支持。需要强调的是，长期护理保险制度应采取现收现付制，力求达到收支平衡、略有结余，如果出现入不敷出的现象，则需要政府提供财政支持以弥补相应的缺口。

第二，随着长期护理保险的独立建制，保障对象的待遇水平也应相应提高，以平衡个人与单位缴费责任。一方面，由于脱离了医疗保险，长期护理保险所支付的内容除了医疗护理外还应包括生活照料等其他长期照护服务内容的费用，以划清长期照护服务与医疗服务的明确界限；另一方面，适当提高待遇给付标准，在增强参保者长期护理保险缴费责任的同时，需要降低其支付长期照护服务费用的比例，以进一步调动社会成员参保的积极性。

3. 制度成熟期：总缴费率逐渐提高

根据国外的发展经验，长期护理保险的总缴费率会随着长期照护服务费用的增多而不断提高。例如，以色列在1980年长期护理保险制度建立初期，将雇主和雇员各自的缴费比例定为每月工资的0.1%，合计为0.2%，作为护理保险基金；随着政府关于减轻雇主负担和降低劳动成本的考虑，1990年4月，雇主缴费率由工资的0.1%降到0.04%，所减少的0.06%由政府承担；随着护理费用的逐渐增长，长期护理保险费率也随之提高，自2011年4月1日起，雇主的缴费率由0.04%上升至0.09%，雇员的缴费率提高到0.14%，而政府的缴费率下降到0.02%，合计为0.25%（戴卫东，2015）。从以色列长护险筹资的历程可以看出，从制度建立初始至今，雇员的缴费比例一直是最高，雇主缴费的比例先下降后上升，而政府则是从不缴费到补偿部分雇主缴费再到下降缴费率至三个缴费主体的最低比例。除了以色列，其他国家的总缴费率也都在持续上升。德国的长期护理保险缴费率已由1995年制度建立初期的1.7%增长到2018年的2.55%（苏健，2019）。韩国的长期护理保险总费率从2008年制度建立时的4.05%提高至6.55%（自2010年开始），由雇主与雇员各分担50%；自由职业者由个人完全承担（戴卫东，2015）。

鉴于此，中国长期护理社会保险制度在其成熟期时，若仍按照制度发展期的缴费方式，将难以实现财务均衡，进而形成经常性入不敷出的状况，导致政府财政压力加重。因此，在制度成熟期，缴费结构需要进一步调整。第一，增加单位和个人的缴费责任，适当提高二者的缴费率；第二，扩大长期护理保险制度范围，鼓励未参加长期护理保险的社会成员加入其中并缴纳保险费；第三，政府划拨部分财政补贴设立长期护理保险调节基金，以作为政府长期性补助的资金来源；第四，划拨部分国有资产补充长期护理保险基金。

7.4.2 长期照护补贴制度的推进策略

长期照护补贴制度是多层次长期护理保障制度体系的“基础层”，其资金主要来自政府的财政收入，同时也接受社会捐助，体现出政府的兜底责任。长期照护补贴制度不同于福利国家的福利津贴制度，二者的本质区别在于保障范围的不同。福利国家的福利津贴制度是普惠型的，它的覆盖范围是全体国民，即只要是本国的公民就有权利获取相应的福利待遇。而中国的长期照护补贴制度是补缺型的，它是长期护理社会保险制度的重要补充。该制度的保障对象是失能群体中的弱势群体，主要包括未参加长期护理社会保险、没有购买长期护理商业保险、自身没有购买照护服务的能力以及家庭难以为其提供照护服务的失能老年人。

长期以来，特殊困难的失能老年人是社会救助的覆盖范围，但是截至目前中国还没有专项的长期照护服务救助体系。2014 年国务院颁布的《社会救助暂行办法》，也没有将长期照护救助纳入社会救助的范畴。为了弥补这一制度缺陷，政府需要建立长期照护补贴制度为特殊困难的失能老年人提供专项补贴。

具体来看，一方面，提供专项补贴的目的是使失能老年人获得其所需的长期照护服务，因此对特殊困难失能老年人的保障方式可以采取用长期照护补贴金帮助他们缴纳长期护理社会保险费，为其提供社会化长期照护服务。在进行长期照护补贴资格审查时，除了需要对申请人进行失能鉴定外，还需要进行家计调查。另一方面，由于失能老年人的失能程度、需求以及家庭情况都是动态变化的，因此需要建立长期照护补贴动态调整机制。保障对象失能程度的发展性与不确定性是长期照护补贴制度与其他补贴制度相比的最大特点，这也是该制度需要重点关注的问题。动态调整机制的建立，一是为应对失能老年人失能程度和照护需求的变化，提供更具针对性的补贴措施；二是失能老年人的家庭由于各种原因，可能会出现收入增加、脱离贫困等情况，因此要定期对享受长期照护补贴的失能老年人家庭状况进行评估，对于已经摆脱困境的家庭及时停止补贴，将有限的资源投入到最需要帮助的失能老年人群体中。

7.4.3　长期护理商业保险制度的推进策略

长期护理商业保险制度是多层次长期护理保障制度体系的“发展层”，它是针对有更高水平照护服务需求的人群设立的应对失能风险的商业性保险制度，该制度是长期护理社会保险的重要补充。长期护理社会保险具有一定程度的普惠性，这决定了其待遇给付水平有限，难以满足部分高收入群体的长期照护需求。在此情况下，高收入群体可以选择从市场购买私人长期护理保险的方式来实现高水平的待遇给付。

目前中国商业护理险大约有一百余种产品（王起国和余贵芳，2017）。相比较医疗、养老商业保险，长期护理商业保险发展滞后，其原因主要表现在两个方面。一是从需求层面来看，需要购买商业护理保险的群体大多是已经失能或有较大失能可能性的群体，由于长期照护服务的长期性以及长期照护服务费用的持续攀升，导致针对失能群体的长期护理保险产品的价格偏高，并且参保的条件较为苛刻，造成了有需求的群体难以承担相应的费用或不符合参保条件的现实困境。然而对于健康状况良好的年轻群体，商业护理保险设定的价格相对较低，并且参保条件也并不苛刻，但是这部分群体往往没有购买长期护理商业保险的需求，由此导致市场的需求较低。二是从供给层面来看，商业保险机构无法完全了解参保对象的全部信息，在这种信息不对称的情况下极易发生道德风险和逆向选择，进而限制了商业保险机构对长期护理保险产品的开发。

失能作为长寿时代的不可逆风险，可为长期护理商业保险带来广阔的市场。一方面，政府需要引导社会成员通过购买商业保险的方式来降低未来失能风险发生时所造成的损失。其具体策略可以总结为以下三点。第一，颁布相关法律法规，以规范长期护理保险的市场化运作；第二，政府扶持供方，对商业保险公司予以税收减免，以鼓励商业保险公司开发长期护理保险产品、降低产品价格；第三，政府扶持需方，对购买长期护理商业保险的个人提供政府补贴或免征个人所得税，对单位为其员工购买长期护理商业保险的行为给予适当补贴或减税优惠。另一方面，商业保险机构需要加强与政府之间的合作，积极参与长期护理社会保险的运营，与长期照护机构建立合作关系，不断完善与开发护理保险产品，以充分发挥其专业优势并扩大客户群体范围。

第8章　结论与展望

8.1　基本结论

本书在国家积极应对人口老龄化战略以及亟待在国家层面建立长期护理保险制度的背景下，以积极老龄化理论为研究视角，结合政策产出模型构建了长期护理保险政策分析框架，分析了49个试点城市颁布的长期护理保险政策的现状、特征与存在的问题，在借鉴荷兰、德国和日本三个国家长期护理保险制度实践经验的基础上，提出了中国长期护理保险制度的推进策略。上述研究的基本结论可以归纳为以下五个方面。

第一，当前试点城市的长期护理保险政策现状总体上可以总结为以下几点：（1）在参与维度，一是参保范围主要依据基本医疗保险的覆盖范围确定；二是保障对象取决于处于失能状态的时间长度、失能失智程度、接受长期照护服务的场所以及缴纳医疗保险费用的时间长度四个方面的限制因素；三是失能评估工具主要有三种，《日常生活活动能力评定量表》《长期护理失能等级评估标准（试行）》以及当地自主建立的综合性失能评定标准；四是评定主体主要包括保险经办机构、劳动鉴定委员会、第三方评估机构、定点护理机构、商业保险机构与鉴定专家。（2）在健康维度，一是服务项目主要包括生活照护、医疗照护、预防性照护、康复照护与心理疏导；二是服务形式可以分为定点机构照护（医疗机构照护和养老机构照护）、居家照护（居家上门照护、居家自主照护）以及失智专区；三是待遇给付标准可以分为两种：依据待遇给付计算方式不同的按比例给付和定额给付，以是否采用差别化补偿方式进行划分的按照服务供给形式给付、按照服务等级给付以及按照保障对象身份差异给付。(3) 在保障维度，一是最为普遍的筹资渠道包括基本医疗保险基金和个人账户的划转、政府补助与个人缴费；二是筹资形式主要有比例筹资、定额筹资和混合筹资三种；三是大多数城市都具有长期护理保险的启动资金。

第二，现阶段长期护理保险政策的特征主要是：(1) 在参与维度，试点城市的长期护理保险政策是以诊断差异为社会分配基础的补缺型社会政策。(2) 在健康维度，试点城市采取了以服务福利为主、现金福利为补充的事后补救型风险应对策略；其福利输送架构属于决策、执行与输送职能相互独立的国家主导型。(3) 在保障维度，试点城市的筹资模式是现收现付制，主要依托于医疗保险。

第三，现阶段长期护理保险政策存在的主要问题可以归纳为三个方面。(1) 参与维度的社会分配基础方面存在的主要问题包括：未将城乡居民纳入覆盖范围、将重度失智老年人排斥在福利申请者之外、失能认定评估工具结构简单、失能评估等级的设定粗略且不统一、缺少需求评估、缺少独立且专业的失能等级评定机构。(2) 健康维度的社会供给类型方面存在的主要问题有：预防性策略缺失、服务供给内容的精准度较低；福利输送系统的主要问题是：忽视了社区的重要作用，以机构照护为核心的服务输送布局难以解决长期照护供需失衡的难题。(3) 保障维度的筹资模式面临的主要困境：筹资主体缴费能力有限、待遇给付与个人缴费存在不一致性、长期护理社会保险独立建制存在较大争议。

第四，荷兰、德国和日本三个国家长期护理保险制度的经验对我国的启示主要是：(1) 在参与维度中，三个国家都具有高覆盖率，荷兰和德国覆盖全民，日本覆盖 40 岁以上公民；三个国家都在国家层面建立了统一的评估体系；失能老年人具有福利给付形式的自主选择权。(2) 在健康维度中，重视非正式照护的发展；社区在长期照护服务供给中作为服务系统中枢，将居家照护、机构照护与非正式照护连接与整合，解决了服务供给碎片化的问题；注重服务质量监管；注重预防性策略；三个国家在长期护理保险制度立法之前都允许一个“准备”阶段，将有利于为制度正式运行储备服务供给者。(3) 在保障维度中，三个国家都是以长期护理社会保险制度为基础，同时还采取了其他筹资制度作为支持和补充。

第五，中国长期护理保险制度的推进方案主要从以下四个方面展开。（1）长期护理保险制度需要遵循机会平等、利益与责任同等分配、分配标准和程序合理以及纠正不公四项原则。（2）在参与维度，需要完善失能评估体系、扩大失能老年人自主选择福利内容的权利以及政策性支持老年人参与长期照护服务供给。（3）在健康维度，通过共同推进社区照护服务体系建设、基于生命历程的跨部门服务供给机制的构建以及促进正式照护与非正式照护相结合的方式，发展在地化的整合照护服务体系。（4）在保障维度，构建多层次长期护理保障制度体系，其中长期照护补贴制度是基础，长期护理社会保险制度是核心，长期护理商业保险是重要补充。

8.2　研究展望

本书关于积极老龄化视角下中国长期护理保险政策试点的现状、特征、存在的问题以及发展对策的研究还是较为粗略的，更加细致的研究工作还有待进一步深化。随着全国范围内长期护理保险政策试点的逐步扩展，在以后的研究中可以从以下三个方面展开讨论：

第一，长期护理保险政策评估研究。政策评估可以分为事前评估、过程评估和事后评估，对提高政策方案的可行性、及时纠正政策执行中的问题、提升政策执行质量都有积极影响。在进一步研究中，可以将本书构建的长期护理保险政策分析框架作为政策评估指标体系的基础，构建长期护理保险政策评估体系，对各城市长期护理保险政策实践进行评估和打分。通过这种更加直观的方式提出问题，有助于更具针对性地提出对策建议。

第二，引入时空研究视角。一方面，进一步研究中国老年长期照护的时空演变特征，深入发掘制度变迁的原因，探究其背后的演变机制，从而丰富中国制度变迁研究的理论成果。另一方面，进一步深化不同城市之间、城乡之间的比较研究：一是探究农村与城市之间老年长期照护制度存在的共性与差异；二是分析不同城市之间长期护理保险政策差异产生的原因。通过引入时空研究视角，为因地制宜构建长期护理保险政策提供更多的现实依据。

第三，引入系统研究视角。长期护理保险政策不是孤立存在的，它是存在于政策环境中的。因此，长期护理保险政策的研究需要与政策环境相适宜，这是其合法性的重要来源。在今后的研究中需要关注于环境与政策之间的影响机理以及长期护理保险政策与其他社会政策之间的相互关系。

参考文献

[1]［美］吉尔伯特、特雷尔:《社会福利政策引论》，沈黎译，华东理工大学出版社 2013 年版。

[2]［美］莱斯特·M. 萨拉蒙:《政府工具：新治理指南》，肖娜译，北京大学出版社 2016 年版。

[3]［美］那格尔:《政策研究百科全书》，林明译，科学技术文献出版社 1990 年版。

[4]［美］尤金·巴达克:《政策分析八步法（第三版)》，谢明、肖燕、刘玮译，中国人民大学出版社 2020 年版。

[5]［美］约翰·罗尔斯:《正义论（修订版)》，何怀宏、何包钢、廖申白译，中国社会科学出版社 2009 年版。

[6]［美］詹姆斯·E. 安德森:《公共政策制定》，谢明译，中国人民大学出版社 2009 年版。

[7]［美］珍妮特·V. 登哈特、罗伯特·B. 登哈特:《新公共服务：服务，而不是掌舵》，丁煌译，中国人民大学出版社 2004 年版。

[8]［英］米尔恩:《人的权利与人的多样性——人权哲学》，夏勇、张志铭译，中国大百科全书出版社 1995 年版。

[9] 曹海军、薛喆:《“三社联动”机制下政府向社会力量购买服务的三个阶段分析》，载于《中国行政管理》2018 年第 8 期。

[10] 曹信邦:《中国失能老人公共长期护理保险制度的构建》，载于《中国行政管理》2015 年第 7 期。

[11] 曹信邦:《中国失能老人长期护理保险制度研究——基于财务均衡的视角》，社会科学文献出版社 2016 年版。

[12] 曹信邦:《中国长期护理保险制度构建的理论逻辑和现实路径》，载于《社会保障评论》2018 年第 4 期。

[13] 曹艳春、王建云:《老年长期照护研究综述》，载于《社会保

障研究》2013 年第 3 期。

[14] 陈诚诚:《老年人长期照护等级评估工具发展综述》，载于《中国医疗保险》2017 年第 4 期。

[15] 陈东升:《长寿时代的理论与对策》，载于《管理世界》2020 年第 4 期。

[16] 陈际华:《“时间银行”互助养老模式发展难点及应对策略——基于积极老龄化的理论视角》，载于《江苏社会科学》2020 年第 1 期。

[17] 陈坤、李士雪:《健康老龄化的理念演变与实现路径》，载于《理论学刊》2017 年第 3 期。

[18] 陈璐、范红丽:《我国失能老人长期护理保障融资制度研究——基于个人态度的视角》，载于《保险研究》2014 年第 4 期。

[19] 陈庆云:《公共政策分析》，北京大学出版社 2006 年版。

[20] 陈永杰、岳经纶:《保险制抑或税收制？两岸长期照护融资制度的比较与启示》，载于《中国公共政策评论》2018 年第 1 期。

[21] 陈振明:《政府工具导论》，北京大学出版社 2009 年版。

[22] 陈振明:《政府工具研究与政府管理方式改进——论作为公共管理学新分支的政府工具研究的兴起、主题和意义》，载于《中国行政管理》2004 年第 6 期。

[23] 仇叶、贺雪峰:《泛福利化：农村低保制度的政策目标偏移及其解释》，载于《政治学研究》2017 年第 3 期。

[24] 戴卫东:《OECD 国家长期护理保险制度研究》，中国社会科学出版社 2015 年版。

[25] 戴卫东:《长期护理保险：中国养老保障的理性选择》，载于《人口学刊》2016 年第 2 期。

[26] 戴卫东:《中国长期护理服务体系建构研究》，社会科学文献出版社 2018 年版。

[27] 党俊武:《中国城乡老年人生活状况调查报告（2018)》，社会科学文献出版社 2018 年版。

[28] 邓大松:《社会保险（第三版)》，中国劳动社会保障出版社 2015 年版。

[29] 丁一、吕学静:《发达国家（地区）老年人长期照护制度研

究综述——兼论中国老年人长期照护制度的对策》，载于《学术论坛》2013 年第 12 期。

[30] 丁英顺：《日本人口老龄化问题研究》，社会科学文献出版社 2018 年版。

[31] 杜本峰、沈航：《老年人口的长期护理服务需求及产业发展模式略探》，载于《经济问题探索》2008 年第 3 期。

[32] 杜鹏、李兵、李海荣：《“整合照料”与中国老龄政策的完善》，载于《国家行政学院学报》2014 年第 3 期。

[33] 杜鹏、李兵：《生命进程理论和方法及其对老龄政策的意义》，载于《浙江学刊》2007 年第 3 期。

[34] 杜霞、周志凯：《长期护理保险的参与意愿及其影响因素研究——基于陕西省榆林市的微观样本》，载于《社会保障研究》2016 年第 3 期。

[35] 房连泉：《选择适合国情的长期照护制度——〈老年长期照护：制度选择与国际比较〉评介》，载于《中国社会保障》2016 年第 10 期。

[36] 封进：《社会保险经济学》，北京大学出版社 2019 年版。

[37] 高春兰：《老年长期护理保险制度——中日韩的比较研究》，社会科学文献出版社 2019 年版。

[38] 高春兰：《老年长期护理保险中政府与市场的责任分担机制研究——以日本和韩国经验为例》，载于《学习与实践》2012 年第 8 期。

[39] 高功敬：《超越资本主义福利国家：罗尔斯社会福利思想探析》，载于《山东社会科学》2013 年第 10 期。

[40] 高向东、何骏：《上海市养老机构空间可达性研究》，载于《中国人口科学》2018 年第 2 期。

[41] 葛蔼灵、冯占联：《中国养老服务的政策选择：建设高效可持续的中国养老服务体系》，中国财政经济出版社 2019 年版。

[42] 关信平：《社会政策概论（第二版）》，高等教育出版社 2009 年版。

[43] 海龙、尹海燕：《我国长期护理保险筹资机制研究》，载于《湖南社会科学》2020 年第 1 期。

[44] 韩兆柱、杨洋：《整体性治理理论研究及应用》，载于《教学

与研究》2013 年第 6 期。

[45] 郝君富、李心愉:《德国长期护理保险:制度设计、经济影响与启示》,载于《人口学刊》2014 年第 2 期。

[46] 何文炯:《长期照护保障制度建设若干问题》,载于《中共浙江省委党校学报》2017 年第 3 期。

[47] 和音:《特殊时期最宝贵的人权保护》,载于《人民日报》2020 年 4 月 16 日。

[48] 胡宏伟、李佳怿、栾文敬:《美国长期护理保险体系:发端、架构、问题与启示》,载于《西北大学学报(哲学社会科学版)》2015 年第 5 期。

[49] 胡宏伟、李延宇、张楚、张佳欣:《社会活动参与、健康促进与失能预防——基于积极老龄化框架的实证分析》,载于《中国人口科学》2017 年第 4 期。

[50] 胡宏伟、王恩见、张楚、林威霞:《老年整合照料理念与实践:西方经验与政策启示》,载于《西北大学学报(哲学社会科学版)》2017 年第 4 期。

[51] 胡苏云:《荷兰长期护理保险制度的特点和改革》,载于《西南交通大学学报(社会科学版)》2017 年第 5 期。

[52] 胡苏云:《长期护理保险制度试点实践——上海案例分析》,载于《华东理工大学学报(社会科学版)》2018 年第 4 期。

[53] 黄晨熹:《社会福利》,格致出版社 2009 年版。

[54] 黄晨熹:《社会政策概念辨析》,载于《社会学研究》2008 年第 4 期。

[55] 黄萃:《政策文献量化研究》,科学出版社 2016 年版。

[56] 黄枫、傅伟:《政府购买还是家庭照料?——基于家庭照料替代效应的实证分析》,载于《南开经济研究》2017 年第 1 期。

[57] 黄文杰、吕康银:《我国城市中老年群体长期护理需求影响因素研究——以长春市为例》,载于《税务与经济》2019 年第 5 期。

[58] 季佳林、刘远立、仲崇明、胡琳琳、雷雯:《荷兰长期护理保险制度改革对中国的启示》,载于《中国卫生政策研究》2020 年第 8 期。

[59] 江海霞、郑翩翩、高嘉敏等:《老年长期照护需求评估工具

国际比较及启示》，载于《人口与发展》2018 年第 3 期。

［60］荆涛、谢远涛：《我国长期护理保险制度运行模式的微观分析》，载于《保险研究》2014 年第 5 期。

［61］荆涛：《建立适合中国国情的长期护理保险制度模式》，载于《保险研究》2010 年第 4 期。

［62］景天魁：《底线公平：和谐社会的基础》，北京师范大学出版社 2009 年版。

［63］孔凡磊、艾斌、星旦二：《西藏城市老年人长期照护需求问题研究》，载于《中国藏学》2014 年第 1 期。

［64］拉尔夫·格茨、海因茨·罗特岗、苏健：《德国长期护理保险制度变迁：财政和社会政策交互视角》，载于《江海学刊》2015 年第 5 期。

［65］雷咸胜：《需求溢出视角下老年人长期照护的主体责任划分》，载于《云南民族大学学报（哲学社会科学版）》2019 年第 1 期。

［66］雷晓康、冯雅茹：《社会长期护理保险筹资渠道：经验借鉴、面临困境及未来选择》，载于《西北大学学报（哲学社会科学版）》2016 年第 5 期。

［67］李海荣、李兵：《国外“整合照料”的基本模式及其政策启示》，载于《新视野》2017 年第 1 期。

［68］李含伟、喻彤彤、汪泓：《中国长期照护保险个人缴费意愿研究》，载于《中国人口科学》2018 年第 4 期。

［69］李俊：《支持非正式照料者：发达国家老年福利制度新动向及其对中国的启示》，载于《学海》2018 年第 4 期。

［70］李明、李士雪：《福利多元主义视角下老年长期照护服务体系的构建》，载于《东岳论丛》2013 年第 10 期。

［71］李树茁、尚子娟、杨博等：《中国性别失衡问题的社会管理：整体性治理框架》，载于《公共管理学报》2012 年第 4 期。

［72］李文华：《社会养老保险金两模式的比较及其对于中国的借鉴作用》，载于《社会主义研究》2007 年第 2 期。

［73］李晓鹤、刁力：《人口老龄化背景下老年失能人口动态预测》，载于《统计与决策》2019 年第 10 期。

［74］李月娥、明庭兴：《长期护理保险筹资机制：实践、困境与

对策——基于15个试点城市政策的分析》，载于《金融理论与实践》2020年第2期。

［75］李珍、雷咸胜：《当前我国建构长期照护保障制度的逻辑反思与现实选择》，载于《江西财经大学学报》2019年第4期。

［76］廖小利：《农村失能老年人长期照护服务需求及影响因素分析——基于湖南的实证》，载于《人口与发展》2019年第1期。

［77］林闽钢：《如何理解积极社会政策的当代价值》，载于《社会政策研究》2019年第2期。

［78］林艳、党俊武、裴晓梅等：《为什么要在中国构建长期照护服务体系？》，载于《人口与发展》2009年第4期。

［79］刘芳：《德国社会长期护理保险制度的运行理念及启示》，载于《德国研究》2018年第1期。

［80］刘金涛、陈树文：《我国老年长期护理保险筹资机制探析》，载于《大连理工大学学报（社会科学版）》2011年第3期。

［81］刘敏：《适度普惠型社会福利制度：中国福利现代化的探索》，中国社会科学出版社2015年版。

［82］刘涛：《德国长期护理保险制度的缘起、运行、调整与改革》，载于《安徽师范大学学报（人文社会科学版）》2021年第1期。

［83］刘涛：《福利多元主义视角下的德国长期照护保险制度研究》，载于《公共行政评论》2016年第4期。

［84］刘晓梅、成虹波、刘冰冰：《长期照护保险制度的脆弱性分析——日本的启示与我国的反思》，载于《社会保障研究》2019年第2期。

［85］刘鑫：《中国“广覆盖”老年长期护理保险制度适宜化研究》，载于《当代经济研究》2012年第5期。

［86］罗丽娅、郭林：《“家庭主义福利”的审视与再修正——来自西班牙老年长期照护服务发展的经验》，载于《国外社会科学》2019年第4期。

［87］罗丽娅：《荷兰老年长期照护服务的政策演进、实践逻辑及价值启示》，载于《社会保障研究》2020年第4期。

［88］吕国营、周万里：《长期照护，何为长期？》，载于《中国民政》2016年第17期。

［89］吕晓莉、李志宏：《人口老龄化与社会代际矛盾及其治理》，载于《中国青年研究》2014 年第 1 期。

［90］吕学静：《建立适应我国国情的长期照护保险制度》，载于《中国医疗保险》2015 年第 11 期。

［91］马凤芝、陈海萍：《基于时空视角的健康老龄化与社会工作服务》，载于《社会建设》2020 年第 1 期。

［92］马焱：《从公共政策层面看对女性老年家庭照料者的社会支持》，载于《妇女研究论丛》2013 年第 5 期。

［93］米红、纪敏、刘卫国：《青岛市长期护理保险研究》，中国劳动社会保障出版社 2019 年版。

［94］潘金洪、帅友良、孙唐水等：《中国老年人口失能率及失能规模分析——基于第六次全国人口普查数据》，载于《南京人口管理干部学院学报》2012 年第 4 期。

［95］潘锦棠、张燕：《社会保障中的平等公平效率》，载于《国家行政学院学报》2015 年第 6 期。

［96］潘屹：《长期照护保障体系框架研究——以青岛市长期医疗护理保险为起点》，载于《山东社会科学》2017 年第 11 期。

［97］彭华民、宋祥秀：《嵌入社会框架的社会福利模式：理论与政策反思》，载于《社会》2006 年第 6 期。

［98］彭华民：《西方社会福利理论前沿——论国家、社会、体制与政策》，中国社会出版社 2012 年版。

［99］彭华民：《中国政府社会福利责任：理论范式演变与制度转型创新》，载于《天津社会科学》2012 年第 6 期。

［100］彭华民：《中国组合式普惠型社会福利制度的构建》，载于《学术月刊》2011 年第 10 期。

［101］彭希哲、宋靓珺、茅泽希：《中国失能老人问题探究——兼论失能评估工具在中国长期照护服务中的发展方向》，载于《新疆师范大学学报（哲学社会科学版）》2018 年第 5 期。

［102］盛和泰：《我国长期护理保险体系建设的运营模式选择》，载于《保险研究》2012 年第 9 期。

［103］施巍巍：《发达国家老年人长期照护制度研究》，知识产权出版社 2012 年版。

［104］施文凯、李珍：《责任边界视角下新加坡老年人长期照护保障制度筹资体系研究》，载于《社会保障研究》2018年第6期。

［105］世界卫生组织：《关于老龄化与健康的全球报告》，2016年版。

［106］世界卫生组织：《积极老龄化政策框架》，华龄出版社2003年版。

［107］世界卫生组织：《建立老年人长期照顾政策的国际共识》，2000年版。

［108］宋全成、崔瑞宁：《人口高速老龄化的理论应对——从健康老龄化到积极老龄化》，载于《山东社会科学》2013年第4期。

［109］宋全成：《人口高速老龄化：我国社会养老服务面临严峻挑战》，载于《理论学刊》2016年第2期。

［110］宋全成、孙敬华：《我国建立老年人长期照护制度可行吗?》，载于《经济与管理评论》2020年第5期。

［111］苏健：《德国长期护理保险制度：演化历程、总体成效及其启示》，载于《南京社会科学》2019年第12期。

［112］孙建娥、张志雄：《以社区为基础的老年人长期护理服务模式——OECD国家的经验及其对我国的启示》，载于《湖南师范大学社会科学学报》2016年第2期。

［113］孙洁：《构建稳定可持续的长期护理保险筹资机制》，载于《中国经济时报》2019年3月12日。

［114］孙敬华：《中国长期护理保险制度的福利要素评析及优化策略》，载于《北京社会科学》2019年第10期。

［115］孙正成：《老年长期护理现状调查与需求分析——以浙江省17个县市为样本》，载于《社会保障研究》2013年第2期。

［116］唐钧、冯凌等：《长期照护：概念框架、研究发现与政策建议》，载于《河海大学学报（哲学社会科学版）》2018年第1期。

［117］唐咏：《高龄失能老人主要照顾者心理健康与长期照护体系的建立》，载于《学术论坛》2012年第9期。

［118］唐咏：《去碎片化：中国老年长期照护政策的整体化路径》，载于《深圳大学学报（人文社会科学版）》2012年第5期。

［119］陶纪坤：《共享发展视角下我国社会保障再分配机制及实现方式研究》，载于《当代经济研究》2020年第2期。

[120] 涂爱仙:《供需失衡视角下失能老人长期照护的政府责任研究》,载于《江西财经大学学报》2016 年第 2 期。

[121] 王杰、戴卫东:《长期护理保险在中国的选择——基于制度经济学的分析》,载于《市场与人口分析》2007 年第 4 期。

[122] 王晶、张立龙:《老年长期照护体制比较——关于家庭、市场和政府责任的反思》,载于《浙江社会科学》2015 年第 8 期。

[123] 王莉、王冬:《老人非正式照护与支持政策——中国情境下的反思与重构》,载于《人口与经济》2019 年第 5 期。

[124] 王莉:《政府还是家庭:长期照护服务供给责任反思》,载于《学术论坛》2018 年第 5 期。

[125] 王起国、余贵芳:《我国商业长期护理保险产品优化研究——基于一个比较分析的框架》,载于《金融理论与实践》2017 年 10 月。

[126] 王庆华:《利益博弈时代公共政策的价值取向》,载于《吉林大学社会科学学报》2010 年第 2 期。

[127] 王思斌:《对社会政策内涵及发展的认识》,载于《中国机构改革与管理》2016 年第 8 期。

[128] 王思斌:《我国城市社区福利服务的弱可获得性及其发展》,载于《吉林大学社会科学学报》2009 年第 1 期。

[129] 王雪辉:《老年人长期护理服务需求影响因素研究——基于河南省的抽样调查》,载于《调研世界》2016 年第 3 期。

[130] 王洵:《"健康老龄化"研究的回顾与展望》,载于《人口研究》1996 年第 3 期。

[131] 王玉玫:《论我国长期护理保险制度的建设》,载于《河南社会科学》2011 年第 1 期。

[132] 王跃生:《中国家庭代际功能关系及其新变动》,载于《人口研究》2016 年第 5 期。

[133] 魏娜:《我国城市社区治理模式:发展演变与制度创新》,载于《中国人民大学学报》2003 年第 1 期。

[134] 邬沧萍:《积极应对人口老龄化理论诠释》,载于《老龄科学研究》2013 年第 1 期。

[135] 吴炳义、武继磊、于奇:《中国老年人生活自理健康预期寿

命的多状态模型分析》，载于《中国人口科学》2019年第4期。

［136］吴际、赵碧华：《台湾地区失智老人安养院的社会工作者角色》，载于《安徽师范大学学报（人文社会科学版）》2017年第4期。

［137］伍江、陈海波：《荷兰长期照护保险制度简介》，载于《社会保障研究》2012年第5期。

［138］席恒、丁一、翟绍果：《物联网应用于失能老人长期照护体系的模式探讨》，载于《山东社会科学》2014年第11期。

［139］向玉乔：《社会制度实现分配正义的基本原则及价值维度》，载于《中国社会科学》2013年第3期。

［140］肖云、邓睿、刘昕：《城乡失能老人社区居家照护服务的差异及对策》，载于《社会保障研究》2014年第5期。

［141］谢冰清：《论中国长期护理保险制度中国家责任之定位》，载于《云南社会科学》2019年第3期。

［142］谢冰清：《我国长期护理制度中的国家责任及其实现路径》，载于《法商研究》2019年第5期。

［143］熊跃根：《社会政策：理论与分析方法》，中国人民大学出版社2009年版。

［144］熊跃根：《社会政策的比较研究：概念、方法及其应用》，载于《经济社会体制比较》2011年第3期。

［145］徐宏、岳乾月：《新时代背景下长期照护服务PPP供给模式研究》，载于《山东社会科学》2018年第8期。

［146］杨菊华、刘轶锋、王苏苏：《人口老龄化的经济社会后果——基于多层面与多维度视角的分析》，载于《中国农业大学学报（社会科学版）》2020年第1期。

［147］杨团：《社会政策的理论与思索》，载于《社会学研究》2000年第4期。

［148］杨团：《中国社会政策演进、焦点与建构》，载于《学习与实践》2006年第11期。

［149］杨团：《中国长期照护的政策选择》，载于《中国社会科学》2016年第11期。

［150］姚大志：《分配正义：从弱势群体的观点看》，载于《哲学研究》2011年第3期。

[151] 姚大志:《分配正义的原则：平等、需要和应得——以沃尔策为例》，载于《社会科学研究》2014 年第 2 期。

[152] 易小明:《分配正义的两个基本原则》，载于《中国社会科学》2015 年第 3 期。

[153] 殷俊、李晓鹤:《法国长期护理津贴制度分析与经验借鉴》，载于《保险研究》2015 年第 11 期。

[154] 尹尚菁、杜鹏:《老年人长期照护需求现状及趋势研究》，载于《人口学刊》2012 年第 2 期。

[155] 余央央:《老龄化对中国医疗费用的影响——城乡差异的视角》，载于《世界经济文汇》2011 年第 5 期。

[156] 岳经纶、程璆:《新中国成立以来社会福利制度的演变与发展——基于社会权利视角的分析》，载于《北京行政学院学报》2020 年第 1 期。

[157] 曾卫红、胡继伟、张若恬等:《贫困山区农村老年人长期照护需求的实证研究——以陕西省安康地区为例》，载于《西安交通大学学报（社会科学版)》2014 年第 4 期。

[158] 张广利、马万万:《我国老人长期照护的模式选择》，载于《华东理工大学学报（社会科学版)》2012 年第 3 期。

[159] 张晖、许琳:《需求评估在长期护理保险中的作用及实施》，载于《西北大学学报（哲学社会科学版)》2016 年 5 期。

[160] 张慧芳、雷咸胜:《我国探索长期护理保险的地方实践、经验总结和问题研究》，载于《当代经济管理》2016 年第 9 期。

[161] 张继元、王建云、周富玲:《社商协作的多层次长期护理保险体系研究——学界探讨、业界探索与国际经验》，载于《华东理工大学学报（社会科学版)》2018 年第 4 期。

[162] 张奇林、韩瑞峰:《长期护理保险：化解社会老龄化危机的重要路径》，载于《河北学刊》2016 年第 4 期。

[163] 张奇林、张兴文:《风险与社会保障：一个解释性框架》，载于《社会保障研究》2011 年第 3 期。

[164] 张强、高向东:《老年人口长期护理需求及影响因素分析——基于上海调查数据的实证分析》，载于《西北人口》2016 年第 2 期。

[165] 张瑞利、时明铭、徐佩:《老年居民长期护理保险认知及参

保意愿调查研究——以南京市为例》，载于《华东理工大学学报（社会科学版）》2018 年第 4 期。

[166] 张文显：《法理学论丛（第 1 卷）》，法律出版社 1999 年版。

[167] 张熠、郑春荣：《国际社会保障动态：积极老龄化战略下的社会保障》，上海人民出版社 2017 年版。

[168] 张盈华：《老年长期照护：制度选择与国际比较》，经济管理出版社 2015 年版。

[169] 张永春、杜凝：《科学构建社区参与的养老机构长效良性机制——基于“服务链理论”的分析视角》，载于《福建论坛（人文社会科学版）》2018 年第 9 期。

[170] 张勇杰：《渐进式改革中的政策试点机理》，载于《改革》2017 年第 9 期。

[171] 张仲芳、万谊娜、郑春荣：《国际社会保障动态：应对人口老龄化的长期护理保障体系》，上海人民出版社 2018 年版。

[172] 赵青、李珍：《英国长期照护：基本内容、改革取向及其对我国的启示》，载于《社会保障研究》2018 年第 5 期。

[173] 赵筱媛、苏竣：《基于政策工具的公共科技政策分析框架研究》，载于《科学学研究》2007 年第 1 期。

[174] 郑秉文：《中国养老金发展报告 2017——长期护理保险试点探索与制度选择》，经济管理出版社 2017 年版。

[175] 郑功成：《建立长期护理保险制度势在必行》，载于《经济参考报》2016 年 3 月 14 日。

[176] 郑雄飞：《一种伙伴关系的建构：我国老年人长期照护问题研究》，载于《华东师范大学学报（哲学社会科学版）》2012 年第 3 期。

[177] 郑作彧、胡珊：《生命历程的制度化：欧陆生命历程研究的范式与方法》，载于《社会学研究》2018 年第 2 期。

[178] 中国保险行业协会、普华永道：《2017 中国长期护理调研报告》，2017 年版。

[179] 钟仁耀、宋雪程：《中国长期基本照护保险制度框架设计研究》，载于《新疆师范大学学报：哲学社会科学版》2017 年第 1 期。

[180] 周春山、李一璇：《发达国家（地区）长期照护服务体系模式及对中国的启示》，载于《社会保障研究》2015 年第 2 期。

[181] Andersson G, Karlberg I. Integrated Care for the Elderly: The Background and Effects of the Reform of Swedish Care of the Elderly. *International Journal of Integrated Care*, Vol. 1, No. 210, 2000, pp. e01.

[182] Barbara A van der Linden, Cor Spreeuwenberg, Augustinus J P Schrijvers. Integration of Care in the Netherlands: The Development of Transmural Care Since 1994. *Health Policy*, Vol. 55, No. 2, 2001, pp. 111 – 120.

[183] Campbell J C, Ikegami N, Gibson M J. Lessons from Public Long-term Care Insurance in Germany and Japan. *Health Affairs*, Vol. 29, No. 1, 2010, pp. 87 – 95.

[184] Campbell J C, Ikegami N. Long-term Care Insurance Comes to Japan. *Health Affairs*, Vol. 19, No. 3, May/June 2000, pp. 26 – 39.

[185] Campbell J C, Ikegami N. Japan's Radical Reform of Long-term Care. *Social Policy & Administration*, Vol. 37, No. 1, February 2003, pp. 21 – 34.

[186] Chen Y P. Funding Long-term Care in the United States: The Role of Private Insurance. *Geneva Papers on Risk & Insurance Issues & Practice*, Vol. 26, No. 4, October 2001, pp. 656 – 666.

[187] Chevreul K, Brigham K B. Financing Long-term Care for Frail Elderly in France: The Ghost Reform. *Health Policy*, Vol. 111, No. 3, August 2013, pp. 213 – 220.

[188] Christenson A M, Buchanan J A, Daniel H, et al. Command Use and Compliance in Staff Communication with Elderly Residents of Long-term Care Facilities. *Behavior Therapy*, Vol. 42, No. 1, 2011, pp. 47 – 58.

[189] Colombo F, Llenanozal A, Mercier J, et al. Help Wanted?: Providing and Paying for Long-term Care. *OECD Publishing*, 2011, pp. 220 – 222.

[190] Crivelli L, Filippini M, Lunati D. Regulation, Ownership and Efficiency in the Swiss Nursing Home Industry. *International Journal of Health Care Finance & Economics*, Vol. 2, No. 2, 2002, pp. 79 – 97.

[191] Lasswell D H. *A Preview of Policy Science*. New York: American Elsevier, 1971.

[192] Delsen L. From Welfare State to Participation Society. Welfare State Reform in the Netherlands: 2003 – 2010. *NiCE Working Paper*, No. 12 – 103, 2012.

[193] Dintrans P V. Designing Long-term Care Systems: Elements to Consider. *Journal of Aging & Social Policy*, Vol, 32, No. 2, October 2019, pp. 1 – 17.

[194] Elder G H J. The Life Course as Developmental Theory. *Child Development*, Vol. 69, No. 1, 1998, pp. 1 – 12.

[195] European Commission, Social Protection Committee. Adequate Social Protection for Long-term Care Needs in an Ageing Society. *Brussels: European Commission*, 2014.

[196] Evashwick C. *The Continuum of Long-term Care*. Stamford: Cengage Learning, 2005, pp. 3 – 12.

[197] Forder J. Long-term Care and Hospital Utilisation by Older People: An Analysis of Substitution Rates. *Health Economics*, Vol. 18, No. 11, 2009, pp. 1322 – 1338.

[198] Foreman K J, Marquez N, Dolgert A, et al. Forecasting Life Expectancy, Years of Life Lost, and All-cause and Cause-specific Mortality for 250 Causes of Death: Reference and Alternative Scenarios for 2016 – 40 for 195 Countries and Territories. *Lancet* (*London*, *England*), Vol. 392, November 2018, pp. 2052 – 2090.

[199] Frederick D. Mitigating Burden Associated with Informal Caregiving. *Journal of Patient Experience*, Vol. 5, No. 1, 2018, pp. 50 – 55.

[200] Fries B E, Shugarman L R, Morris J N, et al. A Screening System for Michigan's Home-and Community-based Long-term Care Programs. *Gerontologist*, Vol. 42, No. 4, 2002, pp. 462 – 474.

[201] Geraedts M, Heller G V, Harrington C A. Germany's Long-term-care Insurance: Putting a Social Insurance Model into Practice. *Milbank Quarterly*, Vol. 78, No. 3, 2000, pp. 375 – 401.

[202] Gleckman H. Long-term Care Financing Reform: Lessons from the U. S. and Abroad. 2010, pp. 26.

[203] Glendinning C. Improving Equity and Sustainability in UK Fun-

ding for Long-term Care: Lessons from Germany. *Social Policy & Society*, Vol. 6, No. 3, June 2007, pp. 461 – 474.

[204] Godlee F. Integrated Care Is What We All Want. *BMJ*, Vol. 344, June 2012, pp. e3959.

[205] Gröne O, Garcia – Barbero M. Integrated Care: A Position Paper of the WHO European Office for Integrated Health Care Services. *International Journal of Integrated Care*, Vol. 1, June 2001, pp. e21.

[206] Havighurst J R. Successful Aging. *Gerontologist*, Vol. 1, No. 1, 1961, pp. 8 – 13.

[207] Heinicke K, Thomsen S L. The Social Long-term Care Insurance in Germany: Origin, Situation, Threats, and Perspectives. *Zew Discussion Paper*, No. 10 – 12, 2010.

[208] Hill M. *Social Policy: A Comparative Analysis*. Londom: Prentice – Hall, 1996.

[209] Holzmann R, Jorgensen S L. Social Risk Management: A New Conceptual Framework for Social Protection, and Beyond. *International Tax and Public Finance*, Vol. 8, No. 4, 2001, pp. 529 – 556.

[210] Houtven C H V, Norton E C. Informal Care and Health Care Use of Older Adults. *Journal of Health Economics*, Vol. 23, No. 6, 2004, pp. 1159 – 1180.

[211] Ikegami N. Financing Long-term Care: Lessons from Japan. *International Journal of Health Policy and Management*, Vol. 8, No. 8, 2019, pp. 462 – 466.

[212] Janssen D, Jongen W, Schröder – Bäck P. Exploring the Impact of Austerity-driven Policy Reforms on the Quality of the Long-term Care Provision for Older People in Belgium and the Netherlands. *Journal of Aging Studies*, Vol. 38, August 2016, pp. 92 – 104.

[213] Jette A M, Tennstedt S L, Branch L G. Stability of Informal Long-term Care. *Aging Health*, Vol. 4, No. 2, 1992, pp. 193 – 211.

[214] Jongen W, Commers M J, Schols J M G A, et al. The Dutch Long-term Care System in Transition: Implications for Municipalities. *Gesundheitswesen*, Vol. 78, No. 08/09, 2016, pp. e53 – e61.

[215] Kodner D L, Spreeuwenberg C. Integrated Care: Meaning, Logic, Applications, and Implications—A Discussion Paper. *International Journal of Integrated Care*, Vol. 2, No. 4, 2002, P. e12.

[216] Kodner D L. Integrated Care Networks for the Vulnerable Elderly: North American Prototypes, Performance and Lessons. *International Journal of Integrated Care*, Vol. 8, No. Suppl, 2008, P. e27.

[217] Kohli, Martin. The Institutionalization of the Life Course: Looking Back to Look Ahead. *Research in Human Development*, Vol. 4, No. 3 - 4, 12007, pp. 253 - 271.

[218] Kraus M, Czypionka T, Riedel M, et al. How European Nations Care for Their Elderly: A New Typology of Long-term Care Systems. *SSRN Electronic Journal*, 2011.

[219] Landauer M, Köhler P A, Körtek Y, et al. Long-term Care Benefits and Services in Europe. *Gerontology*, Vol. 55, No. 5, 2009, pp. 481 - 490.

[220] Leijten F R M, Struckmann V, Ginneken E V, et al. The SELFIE Framework for Integrated Care for Multi-morbidity: Development and Description. *Health Policy*, Vol. 122, No. 1, 2017, pp. 12 - 22.

[221] Leutz W N. Five Laws for Integrating Medical and Social Services: Lessons from the United States and the United Kingdom. *Milbank Quarterly*, Vol. 77, No. 1, 1999, pp. 77 - 110.

[222] Lluch M, Abadie F. Exploring the Role of ICT in the Provision of Integrated Care—Evidence from Eight Countries. *Health Policy*, Vol. 111, No. 1, 2013, pp. 1 - 13.

[223] Marshall T H. *Social Policy*. London: Hutchinson, 1965.

[224] Merlis M. Caring for the Frail Elderly: An International Review. *Health Affairs*, Vol. 19, No. 19, 2000, pp. 141 - 149.

[225] Montenegro H, Levcovitz E, Holder R, et al. *Integrated Health Service Delivery Networks: Concepts Policy Options and a Road Map for Implementation in the Americas*. Washington D C., 2011.

[226] Nieboer A P, Xander K, Stolk E A. Preferences for Long-term Care Services: Willingness to Pay Estimates Derived from a Discrete Choice

Experiment. *Social Science & Medicine*, Vol. 70, No. 9, 2010, pp. 1317 - 1325.

[227] Perkins D. People-centred and Integrated Health Services. *Australian Journal of Rural Health*, Vol. 23, No. 3, 2015, pp. 123 - 123.

[228] Plochg T, Klazinga N S. Community-based Integrated Care: Myth or Must? . *Int J Qual Health Care*, Vol. 14, No. 2, 2002, pp. 91 - 101.

[229] Reilly S, Abendstern M, Hughes J, et al. Quality in Long-term Care Homes for People with Dementia: An Assessment of Specialist Provision. *Ageing & Society*, Vol. 26, No. 4, 2006, pp. 649 - 668.

[230] Rhee J C, Done N, Anderson G F. Considering Long-term Care Insurance for Middle-income Countries: Comparing South Korea with Japan and Germany. *Health Policy*, Vol. 119, No. 10, October 2015, pp. 1319 - 1329.

[231] Rodrigues R, Huber M, Lamura G. Facts and Figures on Healthy Ageing and Long-term Care. *Vienna*: *European Centre for Social Welfare Policy and Research*, 2012.

[232] Rosalie A K, Robert L K. *Long-term Care*: *Principle*, *Programs*, *and Policies*. New York: Springer Publishing Company, 1987.

[233] Rothwell R, Zegveld W. *Industrial Innovation and Public Policy*: *Preparing for the* 1980*s and* 1990*s*. London: Frances Printer, 1981.

[234] Ruchlin H S, Levey S. Nursing Home Cost Analysis: A Case Study. *Inquiry*, Vol. 9, No. 3, 1972, pp. 3 - 15.

[235] Schäfer W, Kroneman M, Boerma W, et al. The Netherlands: Health System Review. *Health Systems in Transition*, Vol. 1, No. 12, 2010, pp. 1 - 228.

[236] Schipper L, Luijkx K, Meijboom B, et al. The 3 A's of the Access Process to Long-term Care for Elderly: Providers Experiences in a Multiple Case Study in the Netherlands. *Health Policy*, Vol. 119, No. 1, 2015, pp. 17 - 25.

[237] Sheldon T. Netherlands: Long-term Care Paid by Compulsory Insurance. *BMJ*, 2002, pp. 324.

[238] Shimizutani S. The Future of Long-term Care in Japan. *Asia Pacific Review*, Vol. 21, No. 1, 2014, pp. 88 - 119.

[239] Shimizutani S, Inakura N. Japan's Public Long-term Care Insurance and the Financial Condition of Insurers: Evidence from Municipality-level Data. *Government Auditing Review*, Vol. 14, 2007, March, pp. 27 - 40.

[240] Tsutsui T, Muramatsu N. Japan's Universal Long-term Care System Reform of 2005: Containing Costs and Realizing a Vision. *Journal of the American Geriatrics Society*, Vol. 55, No. 9, June 2007, pp. 1458 - 1463.

[241] Valentijn P P, Schepman S M, Opheij W, et al. Understanding Integrated Care: A Comprehensive Conceptual Framework Based on the Integrative Functions of Primary Care. *International Journal of Integrated Care*, Vol. 13, No. 1, 2013, P. e010.

[242] Walker A. Active Ageing: Realising Its Potential. *Australasian Journal on Ageing*, Vol. 34, No. 1, 2015, pp. 2 - 8.

[243] Ward R, Vass A A, Aggarwal N, et al. A Different Story: Exploring Patterns of Communication in Residential Dementia Care. *Ageing & Society*, Vol. 28, No. 5, 2008, pp. 629 - 651.

[244] Weissert W G, Cready C M, Pawelak J E. The Past and Future of Home-and Community-based Long-term Care. *The Milbank Quarterly*, Vol. 66, No. 2, 1998, pp. 309 - 388.

[245] WHO. *Lessons for Long-term Care Policy*. Geneva, 2002.

[246] Yoo B K, Bhattacharya J, Mcdonald K M, et al. Impacts of Informal Caregiver Availability on Long-term Care Expenditures in OECD Countries. *Health Services Research*, Vol. 39, No. 6, 2004, pp. 1971 - 1995.

附　　录

试点城市长期护理保险政策样本汇总

序号	国家/地区	政策名称	政策文号/发布时间
1	国家	《国家医保局办公室　民政部办公厅关于印发〈长期护理失能等级评估标准（试行）〉的通知》	医保办发〔2021〕37 号
2		《国家医保局　财政部关于扩大长期护理保险制度试点的指导意见》	医保发〔2020〕37 号
3	承德市	《承德市人民政府办公室关于进一步调整完善基本医疗保险大病保险医疗保障救助及长期护理保险等相关政策的通知》	承市政办字〔2018〕138 号
4		《承德市医疗保障局　承德市财政局关于印发〈承德市城镇职工长期护理保险管理办法〉的通知》	承医保字〔2021〕50 号
5		《河北省医疗保障局　河北省财政厅关于进一步规范长期护理保险制度试点工作的通知》	冀医保字〔2021〕10 号
6	吉林省	《关于印发〈吉林省长期护理保险失能等级评估管理暂行办法〉的通知》	吉医保联〔2022〕20 号
7		《关于印发〈吉林省深入推进长期护理保险制度试点工作实施方案〉的通知》	吉医保联〔2021〕7 号
8	长春市	《长春市人民政府办公厅关于建立失能人员医疗照护保险制度的意见》	长府办发〔2015〕3 号
9		《关于印发〈长春市失能人员医疗照护保险实施办法（试行）〉的通知》	长人社〔2015〕21 号
10		《关于扩大失能人员医疗照护保险制度试点工作的通知》	长医保发〔2021〕45 号

续表

序号	国家/地区	政策名称	政策文号/发布时间
11	吉林市	《吉林市深入推进长期护理保险制度试点工作实施方案》	吉市医保规〔2021〕4号
12	通化市	《关于印发〈通化市深入推进长期护理保险制度试点工作实施方案〉的通知》	通市医保联〔2021〕6号
13		《通化市人民政府办公室关于开展长期护理保险制度试点的实施意见》	通市政办发〔2017〕28号
14		《通化市医疗保障局　通化市财政局　通化市民政局关于调整长期护理保险失能等级评估和待遇支付标准的通知》	通市医保联〔2022〕8号
15	松原市	《松原市人民政府办公室关于进一步推进全市长期护理保险制度建设的实施意见》	松政办发〔2017〕27号
16		《松原市人民政府办公室关于进一步完善全市长期护理保险制度的意见》	松政办发〔2018〕35号
17	梅河口市	《梅河口市人民政府办公室转发市人力资源和社会保障局等部门关于开展长期护理保险试点工作实施意见的通知》	梅政办发〔2017〕20号
18	珲春市	《珲春市长期护理失能等级评估标准（试行）》	珲医保发〔2022〕4号
19	齐齐哈尔市	《齐齐哈尔市人民政府办公室关于印发齐齐哈尔市深化长期护理保险制度试点实施方案（试行）的通知》	齐政办规〔2021〕1号
20		《齐齐哈尔市人力资源和社会保障局关于印发〈齐齐哈尔市长期护理保险失能人员生活活动能力等级评定管理办法（试行）〉的通知》	2017年
21	上海市	《上海市人民政府办公厅关于印发〈上海市长期护理保险试点办法〉的通知》	沪府办规〔2021〕15号
22		《上海市物价局、上海市卫生和计划生育委员会、上海市医疗保险办公室关于公布本市长期护理保险评估费试行价格的通知》	沪价费〔2018〕1号

续表

序号	国家/地区	政策名称	政策文号/发布时间
23	上海市	《上海市民政局、上海市财政局、上海市人力资源和社会保障局（市医保办）关于本市长期护理保险试点有关个人负担费用补贴的通知》	沪民规〔2018〕2号
24		《关于印发〈上海市长期护理保险社区居家和养老机构护理服务规程（试行）〉的通知》	沪人社规〔2018〕36号
25		《关于印发〈上海市老年照护统一需求评估办理流程和协议管理实施细则（试行）〉的通知》	沪医保规〔2022〕2号
26		《上海市人民政府办公厅关于印发修订后的〈上海市老年照护统一需求评估及服务管理办法〉的通知》	沪府办规〔2022〕17号
27	上海市	《上海市卫生和计划生育委员会、上海市民政局、上海市人力资源和社会保障局、上海市医疗保险办公室关于印发〈上海市老年照护统一需求评估标准（试行）〉的通知》	沪卫（计基层）〔2018〕012号
28		《上海市卫生健康委员会、上海市民政局、上海市医疗保障局关于印发〈上海市老年照护统一需求评估标准（试行）2.0版〉的通知》	沪卫老龄〔2019〕3号
29	苏州市	《市政府印发关于进一步推进长期护理保险试点工作的实施意见的通知》	苏府〔2022〕78号
30		《市政府印发关于开展长期护理保险试点第二阶段工作的实施意见的通知》	苏府〔2020〕10号
31		《关于明确苏州市长期护理保险居家护理服务项目内容的通知（试行）》	苏医保待医〔2020〕40号
32	南通市	《市政府印发〈关于建立基本照护保险制度的意见（试行）〉的通知》	通政发〔2015〕73号
33		《关于建立全市统一基本照护保险制度的意见》	通人社医〔2018〕28号
34		《关于完善长期照护保险相关规定的通知》	通医保发〔2019〕39号
35		《关于健全完善长期照护保险有关规定的通知》	通医保发〔2020〕27号

续表

序号	国家/地区	政策名称	政策文号/发布时间
36	南通市	《关于印发〈南通市照护保险居家服务机构定点管理暂行办法〉的通知》	通医保规〔2020〕13 号
37		《关于开展长期照护保险社会化评定工作的通知》	通医保发〔2020〕48 号
38		《关于调整完善照护保险居家照护服务相关规定的通知》	通医保规〔2020〕12 号
39	宁波市	《关于印发〈宁波市长期护理保险试点实施细则〉的通知》	甬人社发〔2017〕159 号
40		《宁波市人民政府办公厅关于印发宁波市长期护理保险制度试点方案的通知》	甬政办发〔2017〕115 号
41		《关于印发〈宁波市长期护理保险失能评估试点办法〉的通知》	甬人社发〔2017〕160 号
42		《宁波市人民政府办公厅关于深化长期护理保险制度试点的指导意见》	甬政办发〔2022〕39 号
43	安庆市	《安庆市人民政府办公室关于印发安庆市城镇职工长期护理保险实施办法的通知》	宜政办秘〔2020〕1 号
44		《安庆市长期护理保险短期照护管理暂行办法》	宜医保秘〔2020〕42 号
45		《安庆市医疗保障局关于调整安庆市城镇职工长期护理保险有关政策的通知》	宜医保秘〔2021〕79 号
46		《关于印发安庆市长期护理保险辅助器具租赁管理暂行办法的通知》	宜医保秘〔2020〕53 号
47	上饶市	《上饶市人民政府印发关于全面开展长期护理保险制度试点实施方案的通知》	饶府字〔2019〕33 号
48		《关于印发上饶市长期护理保险定点评估机构管理规定的通知》	饶医保字〔2020〕75 号
49		《关于印发上饶市长期护理保险定点护理服务机构管理规定的通知》	饶医保字〔2020〕76 号

续表

序号	国家/地区	政策名称	政策文号/发布时间
50	济南市	《关于印发〈济南市职工长期医疗护理保险实施办法〉的通知》	济人社发〔2018〕127号
51		《济南市医疗保障局等部门关于印发〈关于扩大济南市长期护理保险制度试点的工作方案〉的通知》	济医保发〔2021〕3号
52	青岛市	《青岛市人民政府关于印发青岛市长期护理保险办法的通知》	青政发〔2021〕6号
53		《青岛市医疗保障局　青岛市财政局关于实施〈青岛市长期护理保险办法〉有关问题的通知》	青医保发〔2021〕12号
54		《关于做好青岛市长期护理保险定点护理机构评鉴工作的通知》	青医保字〔2022〕36号
55		《关于印发〈青岛市失能失智人员照护需求等级评估实施办法〉的通知》	青医保规〔2020〕1号
56		《青岛市医疗保障局　青岛市财政局关于做好青岛市长期护理保险经办服务管理工作的通知》	青医保规〔2020〕3号
57		《青岛市关于明确护理院、护理中心长期护理保险长期护理保险医疗护理费包干结算标准的通知》	青医保办发〔2020〕6号
58		《青岛市人民政府关于印发青岛市长期护理保险暂行办法的通知》	青政发〔2018〕12号
59		《青岛市医疗保障局　青岛市市场监督管理局关于颁布实施〈长期护理保险照护需求等级评估操作规范〉等六个长期护理保险规范的通知》	青医保字〔2020〕6号
60	淄博市	《淄博市人民政府办公室关于印发淄博市职工长期护理保险暂行办法的通知》	淄政办字〔2021〕103号
61		《淄博市医疗保障局关于实施〈淄博市职工长期护理保险暂行办法〉有关问题的通知》	淄医保发〔2021〕20号

续表

序号	国家/地区	政策名称	政策文号/发布时间
62	枣庄市	《关于印发〈枣庄市职工长期护理保险实施细则〉的通知》	枣医保发〔2022〕52号
63		《枣庄市人民政府办公室关于建立职工长期护理保险制度的意见》	枣政办字〔2018〕25号
64	东营市	《关于印发〈关于完善长期护理保险制度的实施方案〉的通知》	东医保发〔2021〕54号
65		《东营市医疗保障局关于印发〈东营市长期护理保险定点医疗机构管理暂行办法〉的通知》	东医保发〔2022〕7号
66		《关于印发〈东营市长期护理保险经办规程（试行）〉的通知》	东医保发〔2022〕12号
67	烟台市	《烟台市人民政府办公室关于开展职工长期护理保险工作的意见》	烟政办字〔2018〕58号
68	潍坊市	《潍坊市人民政府办公室关于进一步做好职工长期护理保险筹资工作的通知》	潍政办字〔2017〕117号
69		《潍坊市医疗保障局等部门关于印发〈潍坊市城乡居民长期护理保险制度试点工作方案〉的通知》	潍医保发〔2021〕54号
70		《潍坊市医疗保险事业中心关于做好职工长期护理保险失能等级评估工作的通知》	潍医保中心发〔2022〕9号
71	济宁市	《关于开展居民长期护理保险试点工作的通知》	济医保发〔2022〕13号
72		《关于印发〈济宁市职工长期护理保险实施办法〉的通知》	济政办发〔2018〕33号
73	泰安市	《关于完善泰安市职工长期护理保险制度有关问题的通知》	泰医保发〔2021〕54号
74		《关于印发〈泰安市长期护理保险机构管理办法〉的通知》	泰医保办发〔2022〕4号

续表

序号	国家/地区	政策名称	政策文号/发布时间
75	威海市	《威海市人民政府关于印发威海市职工长期护理保险规定的通知》	威政发〔2018〕6 号
76		《关于开展居民长期护理保险试点工作的通知》	威医保发〔2019〕52 号
77	日照市	《日照市人民政府办公室关于开展居民长期护理保险试点工作的实施意见》	日政办发〔2020〕9 号
78		《日照市人民政府办公室关于完善长期护理保险制度的意见》	日政办发〔2017〕87 号
79		《关于进一步规范长期护理失能等级评估流程的通知》	日医保中心发〔2022〕12 号
80	临沂市	《关于印发〈临沂市职工长期护理保险实施细则〉的通知》	临医保发〔2021〕2 号
81		《临沂市人民政府办公室关于印发临沂市职工长期护理保险制度实施方案的通知》	临政办发〔2019〕12 号
82	德州市	《关于印发〈德州市长期护理保险医疗专护、机构护理服务管理暂行办法〉的通知》	德医保发〔2022〕63 号
83		《德州市人民政府办公室关于建立职工长期护理保险制度的意见》	德政办字〔2018〕112 号
84		《关于印发〈德州市职工长期护理保险实施细则〉的通知》	德医保发〔2022〕51 号
85		《关于试行城乡居民长期护理保险制度的意见》	德医保发〔2022〕61 号
86	聊城市	《聊城市人力资源和社会保障局关于印发〈聊城市职工长期护理保险实施办法（试行）〉的通知》	聊人社字〔2017〕256 号
87	滨州市	《滨州市人民政府办公室关于试点推行职工长期护理保险制度的实施意见》	滨政办字〔2017〕157 号
88	菏泽市	《菏泽市人民政府办公室关于印发〈菏泽市职工长期护理保险实施办法〉的通知》	菏政办发〔2021〕33 号

续表

序号	国家/地区	政策名称	政策文号/发布时间
89	荆门市	《荆门市人民政府关于印发〈荆门市长期护理保险办法（试行）〉的通知》	荆政发〔2016〕43号
90		《荆门市人民政府关于修改部分规范性文件的通知》	荆政发〔2019〕11号
91		《关于调整长期护理保险个人缴费标准的通知》	荆医保函〔2019〕2号
92		《关于印发〈荆门市长期护理保险失能等级评定标准（2020年版）〉的通知》	荆医保发〔2020〕44号
93		《关于印发〈荆门市长期护理保险经办服务规程（试行）〉的通知》	荆医保发〔2019〕20号
94		《关于印发〈荆门市长期护理保险护理服务项目及操作规范（试行）〉的通知》	荆医保发〔2022〕4号
95		《关于加强长期护理保险居家护理服务管理的通知》	荆医保发〔2022〕16号
96	广州市	《广州市医疗保障局　广州市财政局　广州市民政局　广州市卫生健康委员会关于印发广州市长期护理保险试行办法的通知》	穗医保规字〔2020〕10号
97		《广州市医疗保障局　广州市财政局　广州市民政局　广州市卫生健康委员会关于延长广州市长期护理保险试行办法有效期的通知》	穗医保规字〔2022〕4号
98	重庆市	《重庆市医疗保障局　重庆市财政局关于扩大长期护理保险制度试点的实施意见》	渝医保发〔2021〕63号
99		《重庆市医疗保障局关于印发〈重庆市长期护理保险失能等级评定管理办法（试行）〉的通知》	渝医保发〔2018〕16号
100		《重庆市医疗保障局关于印发〈重庆市长期护理保险服务机构医疗保障定点管理暂行办法〉的通知》	渝医保发〔2021〕36号

续表

序号	国家/地区	政策名称	政策文号/发布时间
101	成都市	《成都市医疗保障局　成都市财政局　成都市人力资源和社会保障局　国家税务总局　成都市税务局关于印发〈成都市城镇职工长期照护保险实施细则〉的通知》	成医保发〔2020〕22 号
102		《成都市人民政府关于深化长期照护保险制度试点的实施意见》	成府发〔2020〕16 号
103		《成都市医疗保障局　成都市财政局　成都市人力资源和社会保障局　国家税务总局　成都市税务局关于印发〈成都市城乡居民长期照护保险实施细则〉的通知》	成医保发〔2020〕23 号
104		《成都市人民政府关于开展新一轮长期护理保险改革的实施意见》	成府发〔2022〕10 号
105		《成都市医疗保障局　成都市民政局　成都市财政局　成都市人力资源和社会保障局　成都市卫生健康委员会　国家税务总局　成都市税务局关于印发〈成都市长期护理保险实施细则〉的通知》	成医保发〔2022〕10 号
106		《四川省医疗保障局　四川省财政厅　国家税务总局四川省税务局关于省本级基本医疗保险参保人员参加成都市长期护理保险制度试点的通知》	川医保规〔2022〕12 号
107	石河子市	《关于建立长期护理保险制度的意见（试行)》	师市发〔2017〕16 号
108		《关于印发八师石河子市长期护理保险实施细则（试行）的通知》	2017 年
109	北京市石景山区	《北京市医疗保障局　北京市财政局关于印发〈北京市长期护理保险制度扩大试点方案〉的通知》	京医保发〔2020〕30 号
110		《北京市石景山区医疗保障局　北京市石景山区财政局关于印发〈北京市石景山区扩大长期护理保险制度试点实施方案〉的通知》	京石医保发〔2020〕15 号
111		《北京市石景山区医疗保障局　北京市石景山区财政局关于印发〈北京市石景山区扩大长期护理保险制度试点实施细则〉的通知》	京石医保发〔2020〕16 号

续表

序号	国家/地区	政策名称	政策文号/发布时间
112	北京市石景山区	《北京市民政局关于印发〈北京市老年人能力综合评估工作指引〉的通知》	京民养老发〔2020〕17号
113		《北京市医疗保障局　北京市财政局关于印发〈北京市长期护理保险制度扩大试点方案〉的通知》	京医保发〔2020〕30号
114	天津市	《市医保局等七部门关于印发〈天津市长期护理保险制度试点实施方案实施细则（试行）〉的通知》	津医保规字〔2021〕1号
115		《天津市人民政府办公厅关于印发天津市长期护理保险制度试点实施方案的通知》	津政办规〔2020〕24号
116		《天津市人民政府办公厅关于印发天津市深入开展长期护理保险制度试点实施方案的通知》	津政办规〔2022〕17号
117	晋城市	《晋城市人民政府关于建立长期护理保险制度的实施意见》	晋市政发〔2020〕14号
118	呼和浩特市	《呼和浩特市人民政府办公室关于印发〈呼和浩特市长期护理保险制度试点实施方案〉的通知》	呼政办发〔2020〕31号
119		《呼和浩特市医疗保障局　呼和浩特市卫生健康委员会　呼和浩特市民政局关于印发〈呼和浩特市长期护理保险服务项目和标准（试行）〉的通知》	呼医保发〔2021〕11号
120		《呼和浩特市医疗保障局　卫生健康委员会　民政局关于印发〈呼和浩特市长期护理保险定点护理服务机构管理办法（试行）〉的通知》	呼医保发〔2021〕12号
121	盘锦市	《盘锦市人民政府办公室关于印发盘锦市开展全国长期护理保险制度试点工作实施方案的通知》	盘政办发〔2020〕25号
122		《关于印发〈盘锦市长期护理保险失能评估管理办法（试行）的通知》	盘医保发〔2021〕10号

续表

序号	国家/地区	政策名称	政策文号/发布时间
123	福州市	《福州市人民政府印发关于开展长期护理保险制度试点实施方案的通知》	榕政综〔2020〕262 号
124		《福州市医疗保障局　福州市卫生健康委员会　福州市民政局关于印发〈福州市长期护理保险失能评估管理办法（试行）〉的通知》	榕医保文〔2021〕13 号
125		《福州市医疗保障局　福州市财政局　福州市卫生健康委员会等关于印发〈福州市长期护理保险实施细则〉的通知》	榕医保文〔2021〕5 号
126	开封市	《关于成立开封市长期护理保险失能评定委员会的通知》	汴医保〔2020〕129 号
127		《开封市医疗保障局　开封市卫生健康委员会　开封市民政局关于印发〈开封市长期护理保险护理服务项目清单〉的通知》	汴医保〔2021〕4 号
128		《开封市人民政府关于修订印发〈开封市长期护理保险制度试行办法〉的通知》	汴政〔2021〕24 号
129	湘潭市	《湘潭市人民政府办公室关于印发〈湘潭市长期护理保险制度试点实施方案〉的通知》	潭政办发〔2020〕33 号
130		《湘潭市医疗保障局　湘潭市民政局　湘潭市财政局　湘潭市人力资源和社会保障局　湘潭市卫生健康委员会　国家税务总局湘潭市税务局关于印发〈湘潭市长期护理保险制度实施细则（试行）〉的通知》	潭医保发〔2021〕1 号
131		《湘潭市医疗保障局　湘潭市民政局　湘潭市财政局　湘潭市卫生健康委员会关于印发〈湘潭市长期护理保险失能评定管理办法（试行）〉的通知》	潭医保发〔2021〕2 号
132		《湘潭市医疗保障局　湘潭市民政局　湘潭市卫生健康委员会关于印发湘潭市长期护理保险护理服务管理办法（试行）的通知》	潭医保发〔2021〕9 号

续表

序号	国家/地区	政策名称	政策文号/发布时间
133	南宁市	《南宁市人民政府关于南宁市长期护理保险制度试点的实施意见》	南府规〔2021〕3号
134		《南宁市医疗保障局等7部门关于印发〈南宁市长期护理保险制度试点实施办法〉的通知》	南医保规〔2021〕1号
135	黔西南布依族苗族自治州	《州人民政府办公室关于印发黔西南州长期护理保险制度试点实施方案（修订稿）的通知》	黔西南府办发〔2022〕23号
136		《州医保局　州财政局关于印发〈黔西南州长期护理保险试行实施细则〉的通知》	黔西南医保发〔2020〕5号
137		《黔西南州医疗保障局关于印发〈黔西南州长期护理保险服务项目和支付标准（试行）〉的通知》	黔西南医保通〔2021〕10号
138	昆明市	《昆明市人民政府印发关于全面开展长期护理保险制度试点工作方案的通知》	昆政发〔2020〕39号
139		《昆明市医疗保障局关于印发昆明市长期护理保险失能等级评定管理办法试行的通知》	昆医保通〔2021〕6号
140		《昆明市医疗保障局　昆明市财政局关于印发昆明市城镇职工长期护理保险暂行办法的通知》	昆医保通〔2020〕80号
141	汉中市	《汉中市人民政府办公室关于印发汉中市长期护理保险实施办法（试行）的通知》	汉政办发〔2020〕25号
142	甘南藏族自治州	《甘南州医疗保障局　甘南州财政局关于印发〈甘南州职工长期护理保险实施细则（试行）〉的通知》	州医保字〔2021〕143号
143		《甘南州职工长期护理保险制度试点方案（试行）》	州政办发〔2021〕25号
144	乌鲁木齐市	《关于印发乌鲁木齐市长期护理保险办法的通知》	乌政办〔2021〕1号
145		《乌鲁木齐市长期护理保险实施细则》	乌医保〔2022〕2号